용서를 통한
치유와 성장

한국 용서와 화해 연구회 편

김광수 · 오영희 · 박종효 · 정성진 · 하요상 · 강주희 · 추정인 · 한선녀 공저

학지사

들어가는 글

한 시인은 "인생은 고통이라는 밥과 상처라는 국을 먹고 마시는 것이다."라고 표현했다. 이처럼 우리는 서로 알게 모르게 크고 작은 상처를 주고받으면서 살고 있다. 불완전한 인간으로서 서로에게 상처를 주고받는 것이 삶에서 피할 수 없는 실존의 모습이기에 더욱 가슴에 와 닿는 표현이 아닐 수 없다.

밥과 국을 먹고 마셔서 소화를 잘 하면 우리의 피가 되고 살이 되어 살아가는 데 힘과 활력을 준다. 그러나 이를 잘 소화시키지 못하면 갖가지 고통과 어려움을 겪게 되며 때로는 생명을 잃기도 한다. 마찬가지로 우리가 살면서 피할 수 없는 크고 작은 상처를 입고 이를 잘 치유하지 못하면 분노, 미움, 적개심, 우울, 불안 등과 같은 다양한 부정적 증상이 나타나고, 이로 인해 내외적으로 어려움을 겪게 된다. 인간이기에 어느 누구도 완전히 피할 수 없는 상처, 이로 인한 고통과 아픔을 치유하고 극복할 수 있는 기제 중 하나로 소개되고 있는 것이 바로 '용서'다.

당신은 '용서'라는 말을 들으면 솔직하게 어떤 생각과 감정이 드는가?

그동안 용서가 인간생활에서 갖는 중요성은 역사, 신학, 철학, 문화인류학 등의 다양한 학문분야에서 연구되었다. 이러한 연구에 의하면 용서는 숭고하고, 회복적이고, 용기 있고, 인간적인 행위다. 그러나 많은 사람은 용서를 불편하고 부담스러운 것으로 생각하여 최대한 피하려고 하거나 심지어 왜 내가 용서해야 하느냐고 화를 내기도 한다.

사람들이 용서에 대해 이처럼 부정적인 반응을 보이는 이유는 용서에 대한 이해가 부족하기 때문이다. 오랫동안 용서에 관한 논의는 주로 신학과 철학적인 측면에서만 이루어졌고, 심리학적인 연구는 거의 없었다. 그 결과 용서는 일상생활에서 일어나는 실제 행위가 아닌, 추상적·이상적·종교적 개념으로만 여겨져 왔다. 용서에 대한 심리학적인 접근은 1980년 후반부터 비로소 시작되었으며, 최근에야 경험적인 연구결과들이 조금씩 축적되고 있는 실정이다.

상담과 심리치료 영역은 용서에 대한 심리학적 연구가 가장 먼저 시작된 영역으로 가족 간의 갈등뿐만 아니라 인간관계의 상처와 분노, 고통을 치유하는 데 용서를 적극적으로 활용하면서 그 효과를 검증하고 있다. 이러한 경험과학적 연구진행에도 불구하고, 우리나라에서는 아직 상담 및 심리치료, 교육 장면에서 용서를 제대로 활용하지 못하고 있다. 주요한 이유 중 하나는 우리나라 사람에게 적합한 체계적 용서 상담 프로그램이 제시되고 있지 않기 때문이다.

2000년부터 시작된 '한국 용서와 화해 연구회'는 우리나라 최초로 용서와 화해를 연구해 온 모임이다. 그동안의 연구결과를 토대로 이번에 '용서를 통한 인간관계 힐링과 성장 프로그램'을 만들게 되었다. 이 프로그램의 대상은 성인이지만 프로그램 진행자의 재량에 따라 청소년들에게도 활용할 수 있다. 그리고 프로그램 안에 다양한 검사와 활동지를 포함하여 체계적이고 역동적으로 프로그램을 진행하면서 참여자들이 용서의 과정을 경험할 수 있도록 구성하였다. 또한 프로그램 참여 경험자들의 사례를 통해 용서의 과정을 자세히 살펴볼 수 있게 하였다.

용서는 쉽지 않다. 그것은 어렵고, 때로는 불가능해 보인다. 그래서 혹자는 사람의 힘만으로는 할 수 없는 일이라고도 말한다. 그러나 용서는 내면을 치유하고, 예고 없이 닥쳐올 갈등과 상처에 보다 지혜롭게 대처하게 한다. 또한 용서가 건강한 자아와 건강한 관계 형성을 위해 배우고 발달시켜야 할 인간의 능력이라는 것이 경험과학적으로 입증되고 있다.

『Forgive for Good』의 저자 프레드 러스킨(Fred Luskin)은 "용서는 과거를 받아들이면서 미래를 향해 움직일 수 있도록 하는 열쇠를 우리 손에 쥐어 준다. 용서하고 나면 두려워할 일이 적어진다."라고 말한 바 있다. 이 책이 제시한 프로그램을 통해 많은 사람이 '과거의 갈등과 상처'라는 감옥의 문을 열고, 미래를 향해 나아가며 성장할 수 있는 자유의 열쇠를 쥐게 되기를 소망한다.

그동안 연구모임에 함께 하신 많은 분과 배움과 연구에 대한 끊임없는 열정과 모본을 보여 주시고 격려를 아끼지 않으신 황준식 박사님과 김인수 박사님께 깊은 감사를 드린다. 또한 이 책에 관심을 갖고 기꺼이 출판해 주신 학지사 김진환 사장님과 편집의 실제 과정을 도와주신 편집부 유가현 님께도 감사드린다.

2016년 8월

한국 용서와 화해 연구회

차 례

들어가는 글 / 3

제1부 프로그램의 기초

제1장
인간관계 갈등, 용서, 치유와 성장 … 13
   1. 살아가면서 피할 수 없는 인간관계 갈등과 상처 _ 14
   2. 용서를 중심으로 한 프로그램의 필요성: 치유와 성장 _ 16

제2장
용서의 이해 … 23
   1. 용서에 대한 오해 _ 24
   2. 용서 이해의 발달 _ 26
   3. 용서의 올바른 의미 _ 27
   4. 올바른 용서를 위해 기억할 사항 _ 29

제3장

용서의 과정 … 31

1. 엔라이트 모형 _ 32
2. 워딩턴 모형 _ 35
3. 인간관계 힐링 · 성장 프로그램의 용서 과정 _ 37

제4장

용서의 촉진 전략 … 41

1. 상처를 자각하고 자유롭게 표현하기 _ 42
2. 합리적 사고로 전환하기 _ 43
3. 새로운 눈으로 보기 _ 44
4. 공감 촉진하기 _ 46
5. 측은한 마음 갖기 _ 46
6. 불완전성 통찰하기 _ 47
7. 상처를 타인에게 전가하지 않기 _ 48
8. 현재의 자신을 수용하기 _ 48
9. 구체적인 긍정적 행동 시작하기 _ 49
10. 새로운 삶의 의미와 목표 발견하기 _ 50

제5장

용서의 효과 … 53

1. 신체적 효과 _ 55
2. 심리적 효과 _ 56
3. 사회적 효과 _ 59

제2부 프로그램의 실제

제6장

프로그램의 이해 … 63

1. 프로그램의 목표 _ 64
2. 프로그램의 구성 _ 64
3. 프로그램의 개요 _ 65
4. 회기별 내용 _ 67
5. 프로그램 진행 시 유의사항 _ 70

제7장

프로그램 계획안 … 73

1. 1회기: 마음 열고 나누기 _ 74
2. 2회기: 나 자신과 인간관계 돌아보기 _ 78
3. 3회기: 상처 마주하기 _ 82
4. 4회기: 상처의 영향 자각하기 _ 88
5. 5회기: 새로운 눈으로 바라보기 _ 93
6. 6회기: 새로운 마음으로 느껴 보기 _ 101
7. 7회기: 새로운 행동 계획하기 _ 108
8. 8회기: 계속되는 용서 여정 _ 119

제8장

프로그램의 적용 사례 … 127

1. 사례 1: 오빠와 차별대우하는 엄마 용서하기 _ 128
2. 사례 2: 자신을 왕따 시킨 친구 용서하기 _ 134

3. 사례 3: 폭력적인 아버지 용서하기 _ 138
4. 사례 4: 폭력적인 아들 용서하기 _ 144

부록 / 153

참고문헌 / 195
찾아보기 / 199

제1부

프로그램의 기초

제1장

인간관계 갈등,
용서,
치유와 성장

분노는 당신을 더 하찮게 만드는 반면,
용서는 당신을 예전보다 뛰어난 사람으로 성장하게 한다.
-셰리 카터 스콧-

우리는 살면서 인간관계로 인한 갈등과 상처를 피할 수 없다. 이를 치유하고 성장하기 위해 용서를 중심으로 한 힐링 프로그램이 필요한 이유에 대해 설명하고자 한다.

1. 살아가면서 피할 수 없는 인간관계 갈등과 상처[1]

40대 주부인 정희는 시어머니와 사이가 아주 나쁘다. 결혼할 때부터 정희를 싫어하던 시어머니는 지난 20여 년간 온갖 구실을 대면서 정희를 괴롭혀 왔다. 가정의 평화를 생각해서 참고 참던 정희는 어느 날 자녀 교육을 제대로 시키지 못한다고 고함을 지르는 시어머니 앞에서 갑자기 쓰러지고 말았다. 여러 가지 검사를 거치고 내려진 진단명은 '화병'이었다.

우리는 살아가면서 많은 사람들과 다양한 관계를 맺는다. 부모-자녀 관계, 친구 관계, 이성 관계, 부부관계, 직장 사람들과의 관계 등. 그리고 이러한 인간관계에서 갈등은 필연적으로 따라온다.

인간관계에서 반드시 생겨나는 갈등을 잘 해결하지 못하면 어떤 문제가 생겨날까? 가장 가까운 인간관계라고 할 수 있는 부모-자녀 관계를 예로 들어 보자. 부모-자녀 간의 갈등이 잘 해결되지 않으면 전 생애에 걸쳐 자녀의 발달과 적응에 부정적인 영향을 미치는 것으로 나타났다. 구체적으로 부모-자녀 갈등은 반사회적 행동, 위험한 성행동, 학업실패, 약물복용 등의 다양한 청소년기의 문제 행동과 연관되어 있다(Ary 외, 1999; 김헌수·김현실, 2001, 2002). 더 나아가 부모-자녀 갈등은 자녀의 우울증, 주의력

---

[1] 이 글의 일부는 오영희(2015)의 책에서 인용하였다. 이 책에 제시된 다양한 사례는 우리나라와 외국의 것을 바탕으로 재구성한 것이며 사람들의 이름은 모두 가명이다. 또한 독자들의 편의를 위해 본문에서 자세한 참고문헌의 인용은 생략하였다.

결핍/과잉행동장애, 반항장애, 품행장애 등의 정신장애와도 관련이 있다(오영희, 2007 재인용).

우리나라 고유의 정신장애라고 하는 '화병'은 인간관계 갈등에서 생겨나는 대표적인 정신장애로 볼 수 있다. 앞에서 제시된 40대 주부 정희의 사례에서처럼 다른 사람에게 상처를 받으면 화가 나고, 억울하고, 무력감과 슬픔을 느끼는데, 그것을 제대로 해결하지 못한 채 오랫동안 참고 억제하면 화병이 생긴다. '참는 것이 미덕'임을 강조해 온 우리나라의 문화적 특성이 결국 화병이라는 우리나라 고유의 정신장애를 만들어 낸 셈이다.

우리 민족 고유의 정서로 '한'을 이야기하고 한과 관련하여 '화병'이라는 고유한 정신장애를 논할 만큼, 우리나라 사람들은 다른 사람에게서 부당한 상처를 받고 난 뒤에 그 상처를 효과적으로 해결하지 못하여 많은 어려움을 겪고 있다. 더욱 안타까운 것은 상처의 부정적인 영향이 본인뿐만 아니라 주변 사람들에게까지 퍼져 나가는 것이다. 특히 가족 간의 상처는 세대를 넘어서 후대에까지 이어진다. 부모에게 상처를 받은 사람은 자신의 분노와 증오를 그대로 자녀에게 전달하게 되기 때문이다.

다음은 부모 용서 프로그램에 참여한 대학생이 자신의 상처에 대해 쓴 글이다.

> 어머니는 자주 화가 나 있습니다. 왜, 무엇 때문에 내게 화를 내시는지 나는 알 수 없습니다. 큰소리로 욕을 하고 폭언을 하시지만 그게 무슨 소리인지 알아들을 수가 없습니다. 내게도 윽박지릅니다. 나는 제발 조용히 해 달라고 소리칩니다.
>
> 어머니가 죽어 버렸으면 좋겠다는 생각이 듭니다. 나도 죽어 버리고 싶은 생각이 듭니다. 내 방으로 들어가 문을 쾅 닫아 버립니다. 문을 잠그고 시끄러운 음악을 크게 틀어 놓습니다. 그리고 엉엉 울어 버립니다.

너무나 안타까운 상황이다. 어머니는 자주 화를 내고, 자녀는 이유도 모른 채 어머니의 화풀이 대상이 되어서 깊은 상처를 받고 있다. 왜 어머니가 이런 행동을 하는 것일까? 이런 경우에는 어머니의 부모를 점검해 볼 필요가 있다. 즉, 어머니의 윗세대에서도 부모가 자녀에게 이유 없이 화를 자주 냈고, 어머니가 그것을 그대로 배워서 자신의 자녀에게 되풀이하고 있을 가능성이 아주 높다.

이와 같은 경우에 가장 필요한 것은 상처를 받은 가족 중에서 누군가가 지금 상황이 심각하다는 것을 깨닫고 결단을 내리는 일이다. 한 세대에서 다음 세대로 되물림되는 상처와 분노의 악순환을 끊고 가족관계를 긍정적인 방향으로 돌리는 큰 결단을 실행할 수 있도록 도와주는 것이 바로 '용서'다.

상처와 분노의 악순환은 가족관계에서 발생되지만은 않는다. 우리는 학교에서, 직장에서, 이웃 간에, 지역 간에, 종교 간에 생겨나는 갈등과 상처와 분노를 매일 직 · 간접적으로 경험하고 있다. 예를 들어, 요즘 점점 심각해지고 있는 층간 소음 문제는 이웃사촌을 이웃살인자로 바꾸어 버리는 극단적인 상황까지 만들어 내고 있다.

2. 용서를 중심으로 한 프로그램의 필요성: 치유와 성장

이 책에서 제시하는 프로그램은 용서를 활용하여 다른 사람과의 갈등에서 생겨나는 문제를 해결하기 위한 것이다. 다른 사람에게 상처를 입었을 때 그것을 해결하기 위해 사람들은 어떤 방법을 사용는지 알아보자.

1) 일시적이고 부정적인 상처해결방법: 회피와 복수

첫 번째 방법은 회피다. 회피는 상처를 부인하거나 피하는 것으로 상처에 대한 일시적인 땜질이라고 할 수 있다. 회피의 대표적인 예는 자아방어기제를 사용하는 것이다. 자아방어기제는 사람들이 자신의 내적 · 외적 갈등을 해결하기 위해서 무의식적으로 사용하는 심리적 기제인데, 갈등이나 현실을 왜곡시켜 근본적인 갈등해결을 방해하고 문제를 악화시키는 기제다.

그럼에도 불구하고 실제로는 거의 모든 사람들이 일상생활에서 자신을 보호하기 위해서 다양한 자아방어기제를 사용한다. 우리가 난처한 상황에서 자주 사용하는 핑계나 변명은 합리화라는 자아방어기제다. 예를 들어, 공부를 안 해서 시험에 낙제한 사람이 시험출제가 잘못되었다고 핑계를 대는 것이다.

자아방어기제를 지나치게 많이 사용하거나 병적인 자아방어기제를 사용하게 되면 정신장애를 초래할 수도 있다. 예를 들어, 해리는 인격의 한 부분이 자신도 모르게 다른 독립된 인격으로 기능하는 것인데, 이것이 심해지면 지킬박사와 하이드처럼 다중인격이 나타나게 된다.

사람들은 상처를 받으면 어떤 자아방어기제를 사용할까? 대표적인 것은 억압, 부정, 합리화, 대치 등이다. 시어머니의 구박으로 큰 상처를 받은 정희가 시어머니가 구박한 사실조차 기억하지 못한다면 상처를 억압한 것이고, 시어머니의 구박을 의식하지 않으려 하면 부정을 한 것이고, 자신이 잘못해서 시어머니가 구박하는 것이라고 생각한다면 합리화를 한 것이고, 시어머니에게 화가 난 것을 죄 없는 아이들을 혼내는 것으로 푼다면 대치한 것이다.

상처를 받고 자아방어기제를 사용하면 일시적 회피는 가능하지만, 문제를 왜곡시켜 오히려 상처를 악화시키고 정신적 · 신체적 건강을 해치게 만든다. 상처와 갈등을 억압하고 참는 것을 미덕으로 삼아 온 우리나라의 문화적 특성 때문에 생겨난 화병이 대표적인 예다.

부당한 상처를 해결하기 위해 사용하는 두 번째 방법은 복수다. 복수는 용서보다 상처에 대해 더 쉽고, 후련하고, 자연스러운 반응일지도 모른다. 누가 나를 때리면 나도 때리고, 누가 나를 욕하면 나도 욕하는 것이 당연하고 공평하지 않은가? 그러나 복수는 상처의 해결보다는 상처의 악순환을 가져올 가능성이 더 높다. 복수는 '눈에는 눈, 이에는 이'의 원칙에 기초하고 있는데, 그렇게 되면 많은 사례에서 증명된 것처럼 상처를 주고받는 악순환이 지속될 뿐이다. 예를 들어, 남편의 외도에 복수하기 위해 자신도 외도를 하는 부인이 있다고 하자. 이 경우에 남편이 자신의 잘못을 뉘우치고 돌아오기보다는 가정파탄이 날 가능성이 더 높다.

회피와 복수가 함께 나타나 문제를 악화시키는 대표적인 예로는 학교폭력에서 발생하는 공격적 피해자를 들 수 있다. 공격적 피해자는 피해/가해자라고 하는데, 자신의 피해와 상처를 가해자나 다른 사람을 공격하는 것으로 해결한다. 공격적 피해자가 가해자를 직접 공격하는 것은 복수이고, 다른 사람을 공격하는 것은 회피다(자아 방어기제 중에서 대치에 해당). 안타깝게도 공격적 피해자는 가해자나 단순 피해자 집단보다도 학습, 사회, 심리 그리고 정신건강 등 전반적인 영역에 걸쳐 심각하게 취약한 집단이고, 폭력의 악순환을 가져오는 위험한 집단으로 알려져 있다(박종효, 2011).

> 민수와 준호는 아주 친한 친구다. 그런데 어느 날 민수네 집에 놀러간 준호는 민수 엄마에게 많이 혼났다. 민수가 pc방에 가서 게임하며 놀다가 밤늦게 집에 들어가게 되면, 준호랑 놀다가 늦었다고 거짓말을 했기 때문이다. 믿었던 친구에게 배신당했다고 생각한 준호는 너무 화가 난 나머지 민수를 걷지도 못할 정도로 두들겨 팼다. 그 일로 인해 준호는 학교에서 퇴학당하고, 형사 처벌을 받아 1개월 동안 소년원에 가게 되었다.

이 사례에서 보는 것처럼 민수는 자신이 받은 상처를 복수로 해결하려다가 오히려 자신과 친구 모두에게 더 큰 상처를 주었다. 요약하면 회피와 복수는 일시적인 편안함이나 만족감을 줄지는 모르지만 결국은 상처를 악화시킨다. 대체로 회피는 자신에게 다시 상처를 주고, 복수는 자신과 다른 사람 모두에게 다시 상처를 준다. 인류의 위대한 스승인 간디가 우리에게 남긴 말을 기억하자: "우리 모두가 '눈에는 눈'을 고집한다면 결국 우리는 모두 다 장님이 될 것이다."

2) 상처받은 사람과 파괴된 인간관계를 치유해 주고 성장시켜 주는 상처해결방법: 용서

그렇다면 상처의 부정적인 영향을 효과적으로 해결하는 방법에는 어떤 것이 있을까? 바로 용서다. 용서는 자신에게 상처를 입힌 사람을 동정, 자비, 사랑의 눈으로 바라보도록 노력하는 과정에서 상대방에 대한 부정적인 반응을 극복하고, 더 나아가 긍정적인 반응을 보이는 것이다.

그렇다면 왜 용서가 필요할까?

용서는 나의 내적인 치유와 성장을 위해 필요하다.   용서는 적극적인 자기치유와 자기회복의 방법으로, 한 개인이 부당하게 받은 깊은 상처를 치료하고 성장하여 건강하고 행복한 삶을 살도록 도와준다. 과학적 연구를 통해 용서는 분노, 우울, 불안, 상처를 준 사람에 대한 집착을 감소시켜 주고, 희망, 자아존중감, 정서적 안정성을 높여 주는 것으로 나타났다. 더 나아가 용서는 신체건강도 향상시켜 준다.

용서는 바람직한 대인관계를 위해 필요하다.   용서는 갈등과 상처로 인해 파괴된 인간관계를 회복시켜 줌으로써 좋은 대인관계가 지속될 수 있게 도와준다. 용서는 갈등상황에 있는 부부와 가족관계를 회복시켜 주는 것으로 밝혀졌다. 또한 부모에게 상처를 받은 자녀도 용서를 통해 치유되고 부모와의 관계를 회복할 수 있다.

용서는 바람직한 사회 공동체를 위해 필요하다.   용서는 개인들 간에 일어나는 갈등뿐 아니라 종교, 지역, 국가 간에 일어나는 갈등을 치료하고 공동체를 회복하기 위해 필요하다. 남아프리카 공화국의 넬슨 만델라(Nelson Mandela)는 용서를 통해 자신뿐만 아니라 나라까지 치유한 민족적 영웅이다. 그는 27년간의 감옥생활에서 벗어나 최초의 흑인 대통령이 된 후에 '진실과 화해 위원회'를 만들어 오랫동안 지속된 심각한 흑백 인종 갈등을 용서와 화해를 통해 치유했다.

요약하면, 용서는 상처받은 사람의 정신적·신체적 건강에 매우 도움을 주는 것이다. 더 나아가 상처로 파괴된 대인관계와 사회 공동체까지 회복시켜 줄 가능성이 높다.

요즘 심리학에서 새롭게 연구되고 있는 영역이 외상후 성장이다. 외상후 성장이란

한 개인의 삶을 뒤흔들 정도의 매우 심각한 위기나 외상(trauma)에 대해 투쟁하고, 그
것을 극복하고 난 뒤에 나타나는 긍정적 변화를 말한다.

　외상 후에 생겨나는 긍정적 변화에는 어떤 것들이 있을까? 김교헌 등(2010)은 다섯
가지 변화를 제시한다.

　삶에 대해서 더 크게 감사하고 우선순위에서 변화가 일어난다.　예를 들어, 파란불
에 횡단보도를 건너다가 큰 교통사고를 당한 30대 주부 영서의 경우를 보자. 영서는
교통사고 치료를 받으면서 자신에게 주어진 오늘 하루가 얼마나 중요한지 알게 되고,
일이나 성취보다는 가족들에게 더 관심을 갖게 된다.

　좀 더 친밀하고 의미 있는 대인관계가 확장된다.　영서는 교통사고 후 1년 동안 병
원에 입원하는 절박한 상황에 처하면서 자신을 진정으로 위해 주는 사람들이 누구인지
를 알게 되고 그 사람들과 더욱 친밀한 관계를 맺게 된다. 더 나아가 동병상련의 마음으
로 고통스러운 상황에 처해 있는 다른 사람들도 더 잘 이해하게 된다.

　개인의 역량에 대한 자각이 증가한다.　영서는 자신에게 닥친 힘든 일을 이겨내기
위해 젖 먹던 힘까지 짜 내 평소에는 자신이 할 수 없는 일들을 하게 되는 과정에서 자
신의 잠재력을 발견하게 된다.

　자신의 삶에 대한 새로운 가능성과 방향성에 대해 재인식을 하게 된다.　미국에 사
는 린다는 딸이 주유소에서 차를 태워 준 10대 청소년 두 명에게 성폭행당하고 살해되
는 엄청난 비극을 겪었다. 그러나 린다는 자신의 절망을 딛고 일어섰다. 그녀는 자신
에게 닥친 절망을 이기기 위해 46세에 대학에 들어가 심리학을 공부하고 박사학위까
지 받은 후 대학교에서 학생들을 가르치는 한편, 교도소에서 범죄자들을 위한 자원봉
사를 하였다. 더 나아가 회복적 정의 프로그램을 통해 자신의 딸을 살해한 사람을 용
서하고 화해까지 하게 되었다.[2)]

영적인 발달이 일어난다.   인생무상을 경험하고 삶에서 본질적인 것이 무엇인지를 추구하면서 세상에 대한 통찰과 초월감을 가지게 된다. 그래서 많은 사람들이 큰일을 겪고 난 뒤에 영적으로 더 성숙해진다.

외상을 겪은 후에 생겨나는 가장 부정적인 결과는 외상후 스트레스장애다. 그렇다면 외상후 스트레스장애라는 정신장애를 겪는 사람이 있는 반면, 어떤 사람들은 외상을 극복하고 성장까지 하게 되는 것일까? 어떻게 하면 사람들이 심각한 상처를 치유하고 외상후 성장을 하도록 도울 수 있을까?

바로 이것이 용서를 통한 인간관계 치유와 성장 프로그램이 필요한 이유다. 김교헌 등(2010)에 따르면 외상후 성장을 가져오는 요인에는 정서적 고통관리(고통직면), 반추 또는 인지적 처리과정, 사회적 지지 및 자기 노출, 인생사 이야기 및 지혜의 발달이 있다. 이 프로그램은 그 요인들을 모두 포함하고 있으며, 구체적으로 어떻게 내담자들이 다양한 전략을 활용하여 그것들을 실천할 수 있는지를 제시하고 있다.

3) 이 책에서 제시하는 인간관계 치유와 성장 프로그램의 특징

• 용서를 활용하여 인간관계 갈등에서 생겨나는 상처의 치유와 성장을 목표로 한다.

• 이 프로그램의 주요 대상은 성인이다. 그러나 프로그램 진행자의 재량에 따라 청소년에게도 활용할 수 있다.

• 다양한 활동지와 검사를 활용하여 과학적이고 역동적으로 프로그램을 진행할 수 있다.

---

2) 회복적 사법/정의(restorative justice)는 특정 범죄와 관련된 모든 당사자들(피해자, 가해자, 가족 등)이 함께 참여하여 범죄로 인한 피해와 후유증을 건설적인 방식으로 해결하려는 새로운 시도다. 살인사건 피해자 유가족들의 용서 이야기는 『세상에서 가장 아름다운 용서』라는 책에 나와 있다(King, 2003, 2006).

4) 프로그램을 실시하면서 주의할 점

• 프로그램 진행자는 프로그램을 시작하기 전에 용서에 대해 명확하게 이해해야
  한다. 용서에 대한 오해 때문에 용서하는 것에 거부감을 가지고 있는 사람들이
  있다. 그래서 진행자는 제2장을 여러 차례 읽으면서 용서에 대해 명확하게 이해
  할 필요가 있다.

• 용서는 선택이고, 내담자는 그것을 시도하거나 거부할 자유를 가진다. 따라서 진
  행자는 내담자에게 용서를 강요하지 않도록 주의해야 한다.

제2장

용서의 이해

약한 자는 절대 누군가를 용서할 수 없다.
용서는 강한 자의 특권이다.
－마하트마 간디－

용서는 대인관계로 인한 상처를 긍정적이고 건강하게 극복하는 심리과정이다. 용서는 자신에게 상처 주고 괴롭힌 가해자에게 보복이나 위해를 가하기보다 오히려 그 사람을 이해하고 공감할 뿐만 아니라 우호와 선의를 실천하는 이타적인 행동이다 (Enright, 2001; McCullough & Pargament, 2000). 용서는 역설(paradox)과 같아서 상처받은 사람이 자연스럽게 느끼는 분노나 증오심을 버리고, 오히려 상대방을 이해하고 공감해 주는 도덕적 사랑이다.

이러한 심리적 과정은 피해자를 생존자로 변화시킴으로써 자존감을 회복시킬 뿐만 아니라 도덕적으로 성숙해지도록 돕는다. 더 나아가 용서라는 문제해결 방식은 본인뿐 아니라 상대방을 포함한 주위 사람들에게 긍정적인 영향을 줌으로써 대인관계와 사회 전체를 건강하게 회복시킬 수 있다.

1. 용서에 대한 오해

사람들은 용서에 대해 종종 오해하거나, 잘못된 신념이나 편견을 가지고 있다. 용서에 대한 잘못된 개념 때문에 이에 대해 거부감을 갖기도 하고, 용서했다고 믿지만 실제로는 앙금이 남아서 여전히 심리적으로나 신체적으로 고통을 경험하기도 한다. 더 나아가 용서에 대한 오해는 용서를 방해하는 걸림돌이 될 수 있다.

다음은 사람들이 흔히 가지고 있는 용서에 대한 오해와 편견들이다.

용서는 잊는 것이다.   대부분의 사람들이 이해하고 있는 용서는 자신에게 일어난 일을 그저 잊어버리는 것이라고 생각한다. 그러나 잊어버리려고 노력해도 여전히 화가 난다면, 그리고 여전히 그 일로 인해 삶이 힘겹게 느껴진다면 용서하지 못한 것이다. 용서는 상처를 기억하고 직면함으로써 정확하게 이해하고 상처를 치료하는 방법이다. 용서는 상처나 사건을 새롭게 기억할 수 있도록 돕는다.

용서는 참는 것이다. 몸의 상처는 시간이 지나면 낫지만 마음의 상처는 시간이 지난다고 해서 저절로 아물지 않는다. 참으려고 노력할수록 상처가 더 고통스럽게 느껴지며 고통 속에서 상처는 더 깊어진다. 용서하면 상처로 인한 고통에서 벗어나지만, 참으면 고통과 상처가 지속된다.

상대방의 사과와 잘못에 대한 인정이 있어야 용서한다. 어떤 피해자는 가해자가 잘못을 뉘우치고 사과할 때까지 기다렸다가 그때 그를 용서하겠다고 한다. 하지만 이런 신념은 종종 피해자를 더 고통스럽게 한다. 피해자는 가해자로부터 받은 상처뿐만 아니라 뉘우치거나 사과하지 않는 가해자를 보면서 더 깊이 상처를 받는다. 용서는 상대방과 무관하게 피해자가 사건과 가해자를 새롭게 해석하고 수용하는 내적 과정이다.

용서는 정의롭지 못하다. 용서하는 것은 정의롭지 못한 일이며 잘못한 사람이 잘못을 뉘우칠 기회를 없애는 비도덕적인 행위라고 생각할 수 있다. 하지만 용서한다고 해서 잘못이 없어지거나 법적 책임이 면제되는 것은 아니다. 용서는 부당함을 확인하는 정의에서 출발하며 다시는 부당한 일이 일어나지 않도록 정의를 실현하는 행위다.

용서는 나보다는 상대방을 위한 것이다. 용서에 대해 거부감을 갖는 사람은 이미 상처받아서 힘든 자신이 가해자를 위해 용서해야 하는 것에 대해 불만을 토로한다. 용서는 상대방을 위한 것이 아니라 오히려 상처받은 자신을 치유하기 위한 것이다. 상처와 피해로 인한 고통으로부터 나를 해방시켜 주는 것이 바로 용서다.

용서는 화해다. 어떤 사람들은 용서를 확대 해석하여 잘못을 저지른 사람과 화해하거나 그 사람과 관계를 계속 유지하면서 잘 지내는 것이라고 생각한다. 상대방으로부터의 피해가 지속될 것을 예상하면서도 가해자와 잘 지내라는 것은 또 다른 의미의 폭력이자 압력이다.

용서가 화해의 문을 열어 줄 수는 있지만, 용서한다고 해서 꼭 화해해야 하는 것은 아니다. 용서가 내면 치유의 과정이라면 화해는 양자의 관계가 회복되는 과정이다. 화해를 위해서는 상대방의 진심어린 반성 및 사과와 피해자의 안전이 확보되어야 한다.

2. 용서 이해의 발달

사람들은 각자 용서에 대해 다양한 생각을 가지고 있을 수 있다. 용서를 어떻게 생각하는지, 용서하기 위해서는 무엇이 필요한지, 용서하려고 결심한 이유나 동기가 무엇인지 등 용서에 대한 이해 도식(Schema)은 연령, 인지적 · 사회적 · 정서적 발달, 삶의 경험과 가치, 문화에 따라 달라질 수 있다. 다음은 사람들이 일반적으로 용서에 대해 갖고 있는 다양한 생각들이다.

- 복수로서의 용서: 복수로서의 용서는 '이에는 이, 눈에는 눈'이라는 원리가 적용된다. 상대방이 나처럼 똑같이 피해를 받거나 상처를 입으면 용서할 수 있다고 생각하며 용서는 되갚아 주는 것, 복수하는 것이라고 생각할 수 있다. 용서에 대해 이와 같은 개념을 가진 사람들은 여전히 상대방과 그가 저지른 잘못에 대해 분노와 적대감을 가지고 있고, 이를 공공연하게 밖으로 표출하는 경향이 있다.

- 사회적 기대에 의한 용서: 사회적 기대에 의한 용서는 종교 지도자나 가족, 친구와 같이 나에게 중요한 사람이 내가 용서할 것을 기대하고 용서하도록 권할 때, 이들을 실망시키고 싶지 않아서 용서하는 것이다. 이러한 과정을 거쳐 용서한 사람은 밖으로 상대방에 대한 분노나 적대감을 표출하지 않기 때문에 문제가 없어

보이지만 내적으로는 여전히 불안, 두려움, 분노의 감정이 남아서 나 자신과 주변 사람을 힘들게 할 수 있다.

- 도덕적 사랑으로서의 용서: 도덕적 사랑으로서의 용서는 상대방에 대한 분노나 원망, 적대감과 원한을 사랑과 자비, 공감과 측은지심의 마음으로 누그러뜨리는 진정한 용서를 의미한다. 이러한 용서는 자신과 타인에 대한 충실한 이해를 기반으로 하며 인간 본연의 가치를 중시하고 배려와 존중을 실천하는 도덕적 사랑의 표현이다. 이러한 용서 개념은 더 이상 내 이익과 손해, 상대에 대한 복수와 처벌, 사회적 기대와 역할에 얽매이지 않고 내적으로 자유로운 상태에서 용서를 결심하고 실천할 수 있도록 돕는다.

용서에 대한 생각이나 이해는 일종의 성장과 발달의 과정이다. 누군가가 용서에 대한 특정한 개념을 갖고 있다 하더라도 이는 나이가 들면서 자연스럽게 바뀔 수도 있고, 특정 경험이나 다른 사람과의 상호작용을 통해 다른 종류의 용서 개념으로 변화되기도 한다. 지금 우리가 일반적으로 가지고 있는 용서에 대한 생각이나 이해는 보다 성숙하고 완전한 용서에 대한 생각과 이해로 옮겨 가야 한다.

3. 용서의 올바른 의미

학자들은 용서를 어떻게 정의했을까? 이 책의 내용과 구성의 근간을 이루고 있는 용서 심리학자인 엔라이트(Enright)는 다음과 같이 정의한다.

우리가 누군가로부터 부당하게 대우를 받아 심리적 상처를 입게 되었을 때 잘못을 저지른 사람에게 적대심을 갖는 것은 당연하다. 하지만 이러한 적대심을 극복하고 오히려 그 사람에게 동정심과 자비, 사랑을 베풀려고 노력하는 것이 바로 용서다. 잘못을 저지른 사람이 그럴 만한 자격이 없음에도 불구하고 우리는 용서할 수 있다.

(Enright, 2001; Enright & North, 1998)

사람들은 피해를 입었을 때 당연히 자신에게 피해를 준 가해자에게 분노를 느낀다. 그럼에도 불구하고 가해자에 대한 부정적인 정서나 생각을 줄이고 동정이나 공감과 같은 긍정적 정서나 생각을 증가시키는 것이 바로 용서다. 결국 용서한 사람은 가해자에게 더 이상 분노나 적대감을 느끼지 않고, 그 사람에 대해 긍정적인 사고나 정서, 태도를 갖게 된다. 이러한 변화 때문에 용서는 가해자와 피해자 모두에게 바람직한 결과를 이끌면서 대인관계 갈등을 성공적으로 해결하는 가장 효과적인 방법이 될 수 있다 (박종효, 2011).

매컬로(McCullough, 2000)도 이와 유사하게 용서를 가해자에 대한 동기가 우호적으로 변화되는 과정이라고 정의하고 있다. 용서는 가해자에게 보복하거나 가해자를 회피하려는 동기를 줄여 주고 자비를 베풀려는 태도를 갖게 한다. 많은 정신건강 전문가들은 용서가 치료 상황에서 자주 언급되는 쟁점이며, 몇몇 환자에게는 용서의 치료 효과가 상당히 크다고 언급한다. 선행연구에 의하면 말기 암환자, 고혈압 환자, 약물중독 환자 등 삶의 끝에 서 있는 사람들은 자신에게 상처 준 사람들을 떠올리며 앙금처럼 남아 몸과 마음을 갉아먹었던 분노와 적대감을 용서로 대체하려고 노력한다. 그 결과 용서는 의학 처치만으로는 얻기 힘든 심리적·신체적 건강을 보상처럼 제공한다 (박종효, 2003, 2011).

진정한 용서란 무엇일까? 이 책에서는 앞서 설명한 국내외 여러 학자들의 연구를 기반으로 용서를 다음과 같이 정의하고자 한다.

'용서란 누군가로부터 부당하고 깊은 상처를 받았을 때 자연스럽게 생기는 분노, 적대감, 복수와 같은 부정적인 감정 및 생각과 행동 경향성(동기)을 극복하고, 상대방에 대해 사랑, 자비, 측은지심 등의 긍정적인 감정과 생각을 가지고 이를 행동으로 표현하게 하는 심리 과정이다.'

4. 올바른 용서를 위해 기억할 사항

용서를 제대로 이해하고 실천하기 위해서 우리는 다음 사항을 잘 기억해 둘 필요가 있다.

- 용서는 개인의 자발적 선택이므로 강요하지 않아야 한다. 주변의 강요나 요구에 의한 용서과정은 결국 거짓용서에 그치거나 용서에 대한 잘못된 신념을 갖게 할 뿐 진정한 용서 상태에 도달하지 못하게 한다.

- 용서를 성급하게 하려고 해서는 안 된다. 용서과정은 일순간의 결심이나 선언만으로 이루어지는 것은 아니며 비교적 긴 심리과정을 거쳐야 한다. 따라서 시간과 여유를 가지고 용서를 연습하고 훈련하는 것을 반복해야 진정한 용서에 이를 수 있다.

제3장

용서의 과정

용서는 차례로 한 단계씩 거쳐 가도록
정돈되어 있는 과정은 아니다.
용서는 예측하기 어렵다.
어쩌면 당신이 오래 전에 통과했다고
생각한 과정으로 다시 되돌아가 있을 수도 있다.
-로버트 엔라이트-

상처 준 사람을 용서하는 것은 왜 어려운가? 용서해야지 생각했다가 그럴 수 없다고 생각을 바꾸는 경우도 얼마나 흔한가? 이미 용서했다고 말하지만 여전히 원한을 떨쳐내지 못하는 이들이 얼마나 많은가? 이는 용서가 단 한 번의 결심만으로 달성되는 것이 아니기 때문이다. 용서는 일련의 경험들을 거치면서 이루어지고 완성되어 가는 과정(process)이다.

학자들은 이러한 용서 과정을 연구하여 다양한 모형을 제시하였다. 크게는 피해자와 가해자의 반응을 모두 포함하는 대인관계적 모형(Augsburger, 1981; Loewer, 1970; Martin, 1953; Nelson, 1992; 김광수, 2002 재인용)과 가해자의 반응과 관계없이 피해자가 거치는 경험을 기술하는 개인내적 모형(Enright & Human Development Study Group, 1996; Worthington, 1998)이 있다. 이 두 모형은 용서를 위한 중재가 어떤 순서로 진행되어야 하는지 제시하는 것인 반면, 질적 연구를 통해서 사람들이 실제로 경험하는 용서의 과정을 제시한 모형도 있다(이경순, 2008; 최호정, 2009; Truong, 2001). 또한 종교의 가르침과 신(神)의 용서를 중요한 요소로 포함시키는 종교적인 모형(Pingleton, 1997; Walker & Gorsuch, 2004), 기존의 모형을 조합한 통합적인 모형(Gordon & Baucom, 1998), 자기용서 과정 모형(Hall, 2005) 등도 있다.

이 책의 목적은 깊은 상처를 입은 사람들이 용서의 과정을 밟아 가도록 돕는 것이기 때문에 이러한 다양한 모형들 가운데 대표적인 중재 모형 두 가지를 먼저 살펴보고, 이 책에 실린 프로그램에서 사용한 용서 과정에 대해 설명하고자 한다.

1. 엔라이트 모형

엔라이트 등(Enright et al., 1996)은 용서에 있어 분노를 다루는 것을 핵심으로 보고, 용서 과정을 〈표 3-1〉처럼 4단계 20개 단위로 정리하였다(김광수, 2008 재인용). 4단

〈표 3-1〉 엔라이트 모형

단계	단위별 특징
개방	1. 심리적 방어 2. 분노 등의 부정적 반응 3. 부끄러움(수치) 반응 4. 정서적 고착 5. 피해에 대한 인지적 재연 6. 피해자가 자신과 피해를 입힌 사람을 비교 7. 자신이 피해를 통해 영구히 불행하게 변화될지도 모른다는 것 인식 8. '정의로운 세상' 가설에 대한 재평가: 불공평한 세상
결심	9. 마음의 변화/전환/과거 해결전략이 효과 없다는 새로운 통찰 10. 용서를 하나의 문제해결 방법으로 선택 고려 11. 피해 준 사람을 용서하기로 결심
작업	12. 역할 채택을 통한 재구조화: 피해를 입힌 사람이 처한 상황, 맥락을 고려하면서 새 관점에서 이해하려고 노력 13. 피해를 준 사람에 대한 공감/동정심 갖기 14. 무관한 사람에게 고통을 전가하지 않으려고 고통 흡수/감내하기 15. 피해를 준 사람에게 도덕적 선물 주기
심화	16. 고통을 겪고 용서하는 과정에서 자신과 타인에 대한 이해의 폭이 넓어짐을 자각 17. 과거에는 자신도 다른 사람의 용서가 필요했다는 사실을 깨닫고 인정 18. 사람은 혼자 살 수 없으며 다른 사람의 도움이 필요함을 인식 19. 상처를 겪으면서 성숙해지고 삶의 새로운 의미와 목표를 갖게 됨 20. 피해를 준 상대방에 대한 부정적 감정이 줄어들고 긍정적 감정이 증가하는 것을 자각; 내적·정서적 해방을 느낌

참조: 김광수(2008).

계는 개방, 결심, 작업, 심화 순으로 이루어져 있다. 20개의 단위는 차례대로 거쳐야하는 순차적인 과정이라기보다 개인의 상황에 따라 달라질 수 있는 유연한 과정이다(김광수, 2008). 각 단계별 특징은 다음과 같다.

• 개방 단계: 분노가 피해자의 삶에 준 부정적인 영향에 대해 통찰함으로써 새로운

돌파구가 필요하다고 깨닫게 되는 단계다. 심리적 방어(단위1)는 깊은 상처를 받았다는 사실을 부인하는 용서의 이전(移轉) 상태다. 이러한 심리적 방어가 깨지면 상처 준 사람을 향한 분노와 증오 같은 부정적 반응이 나타날 수 있고(단위2), 상처받은 일이 남에게 알려지면 수치감을 느낄 수 있다(단위3). 이러한 부정적 반응으로 인해 정서적 고통이 커지고 부정적인 감정에 고착될 수 있다(단위4). 정서적 고착이 이어지면 상처받은 사건을 반복하여 생각하고(단위5), 자신의 힘든 상황과 상처 준 사람의 편한 상황을 비교하며(단위6), 상처 때문에 불행이 가시지 않을지 모른다고 생각하면서(단위7) 세상이 매우 불공평하다고 결론 내릴 수 있다(단위8). 상처로 인한 피해가 삶의 전반에 나타나게 되는 것이다.

• 결심 단계: 상처에 집착하는 것이 고통을 유발함을 깨닫고(단위9) 고통을 경감시키는 대안으로 용서를 고려한 뒤(단위10), 상처 준 사람을 용서하기로 결정할 수 있다(단위11). 이로써 완전한 용서가 이루어지지는 않지만 점차 부정적인 반응이 줄어들게 된다.

• 작업 단계: 일단 용서하기로 결심한 뒤, 상처 준 사람의 입장과 상황, 성장배경 등을 생각하면서 상처받았던 사건을 재구조화하면(단위12) 그 사람에게 공감과 동정심을 느끼게 된다(단위13). 결국 상처의 고통을 그 누구에게도 전가하지 않기로 결심하고(단위14) 상처 준 사람에게 용서라는 선물을 주고 싶은 마음이 생기게 된다(단위15). 이로써 상처로 인해 생겼던 부정적인 감정들을 해소할 수 있게 된다.

• 심화 단계: 이 단계에서는 용서의 의미와 유익을 깊이 경험하게 된다. 상처받은 사람은 용서하는 과정에서 이해의 폭이 커지고(단위16), 자신도 과거에 누군가에게 용서받았음을 기억하면서(단위17) 다른 사람의 도움이 필요함을 인식하게 된다(단위18). 마침내 상처를 극복하며 새로운 의미를 발견하게 되고(단위19), 상처 준 사람에 대해 긍정적인 감정을 느끼는 과정에서 해방감과 내적 성장을 경험하

게 된다(단위20). 이로써 상처가 성장으로 승화되는 용서의 역설이 드러나는 것이다.

엔라이트 모형은 경험적 검증을 통해 비교적 타당한 용서 과정 모형으로 인정받고 있다(박종효, 2003; Baskin & Enright, 2004). 내용이 상세하기 때문에 용서 프로그램을 구성할 때 폭넓게 활용되고 있기도 하다. 또한 심각한 상처를 받은 이들에게 필요한 단위 내용이 많이 포함되어 있다.

이 모형은 비교적 전반부에 이루어지는 용서의 결심을 중심으로 구성되어 있는데, 실제로 사람들의 용서 과정도 그와 같은지에 대해서는 논란의 여지가 있다. 일반인을 대상으로 엔라이트 모형의 단위들을 순서대로 배치하도록 실험한 연구의 결과를 보면 단위의 상당수가 모형과는 다른 위치에 배치되었고, 특히 용서의 결심은 후반부에 놓였다(Knutson, Enright, & Garbers, 2008). 다시 말해 사람들은 용서에 도움이 되는 작업을 거친 후에 용서하기로 결심하는 경향이 있다는 것이다. 따라서 상담자로서 상처받은 사람이 용서 과정을 밟아 가도록 도울 때, 용서에 대한 결심을 초반에 제안하기보다 사전 작업을 충분히 거친 이후에 제안하는 것이 보다 효과적이다.

2. 워딩턴 모형

워딩턴(Worthington, 2006)은 공감, 겸손, 헌신이라는 세 가지 요소가 용서하는 데 필요하다고 보았다. 겸손은 피해자가 자신을 가해자처럼 타락하기 쉬운 존재로 여기는 태도이며, 헌신은 용서하기로 결정한 대로 실천하는 것이다. 그 중에서도 가장 중요한 '공감'을 중심으로 [그림 3-1]과 같이 용서의 피라미드 모형(REACH 모형)을 제시했다.

• 상처 회상(Recall the hurt) 단계: 상처를 회상하는 것은 고통스러운 것이지만 지지적이고 안전한 분위기에서 그것에 대해 이야기하고 직면하면 두려움을 줄여 나

[그림 3-1] 워딩턴의 피라미드 모형

참조: 손운산(2008).

가면서 상처에 대해 숙고할 수 있다.

• 가해자에 대한 공감(Empathize) 단계: 안전한 분위기에서 상처를 여러 번 회상하면 공감이나 동정심 같은 긍정적인 감정이 생기기 시작한다. 공감은 인지적으로 이해하는 수준부터 정서적으로 동일시하는 수준을 지나 동정심을 갖는 수준으로 발전할 수 있다. 피해자가 자신과 가해자의 연약성과 공통된 인간성을 인지할 때, 상처받은 사건을 다시금 생각해 보게 되고 상처 준 사람에게 동정심을 갖게 되면서 용서에 이를 수 있다.

• 이타적 선물인 용서 주기(Altruistic gift of forgiveness) 단계: 상처 준 사람에 대한 공감은 용서의 필요조건이지만 충분조건은 아니다. 진정한 용서를 하려면 피해자가 겸손과 감사의 태도를 가지고 상처 준 사람에게 용서라는 이타적 선물을 주어야 한다. 겸손의 태도란 피해자가 스스로를 가해자와 별반 다르지 않고, 자신도 다른 사람에게 용서를 받았으며 앞으로도 용서받을 존재라고 여기는 자세다. 감사의 태도는 피해자가 과거에 용서받은 일이나 앞으로 용서받을 일에 대해 감

사하는 것이다. 겸손과 감사는 이타적 용서의 핵심으로 되돌려받을 것을 기대하지 않고 거저 베푸는 선물이다.

• 공개적 용서 선언(Commit publicly to forgive) 단계: 용서 단계가 높아질수록 용서하고자 하는 마음이 더 강해지지만, 고통이나 부정적인 반응은 언제든 되살아날 수 있다. 고통이 되살아나더라도 용서를 포기하지 않기 위해 공개적으로 용서를 선언하는 것이 필요하다. 워딩턴은 용서를 선언하고 실천하는 데 도움이 되는 방법으로 용서 증명서 작성하기, 용서하는 내용의 편지 쓰기, 그 편지를 믿을 만한 사람 앞에서 읽고 피드백 받기, 편지 발송하기 등을 제시한다.

• 용서의 지속(Hold on to forgiveness) 단계: 용서한 후에도 다시 상처가 떠오를 수 있다. 그렇더라도 용서가 무효화되는 것이 아님을 기억해야 한다. 부정적인 기억과 감정이 되살아나도 거기에 머물지 말고 이미 용서했음을 상기해야 한다. 친한 친구나 배우자와 같은 믿을 만한 사람에게 이미 용서했다는 사실을 확인받는 것도 용서를 지속하는 데 도움이 된다. 진정한 용서는 단 한 번의 노력으로 완성되는 것이 아니라 용서했음을 기억하며 그 결심을 지켜 나가는 과정이다.

엔라이트 모형과 비교해 볼 때, 워딩턴 모형은 간략하면서도 용서를 직접 다루는 단계가 상대적으로 많고, 용서를 위한 사전 작업을 한 후에 이를 실행하고 유지하도록 중재한다는 차이점이 있다. 특히 평소에 좋았던 관계가 깨진 경우에 효율적으로 활용할 수 있는 모형으로 평가받는다(손운산, 2008). 그러나 워딩턴 모형을 활용하여 개발된 용서 프로그램이 거의 없고 경험적인 연구가 적은 편이다.

3. 인간관계 힐링 · 성장 프로그램의 용서 과정

기존의 용서 프로그램들은 대부분 엔라이트 모형을 중심으로 개방, 결심, 작업, 심화 단계 순서로 회기가 구성되어 있다. 엔라이트 모형을 따르는 프로그램들은 초반에 집단원들 사이에 라포(두 사람 사이에 형성되는 공감적인 인간관계)가 형성되면서 상처받은 이야기를 개방하며 서로 공감하고 이해하는 시간을 가진 후, 이미 시도해 보았던 대처법들이 효과가 없다는 점을 확인하며 문제해결 대안 중 하나로 용서를 선택하도록 유도한다. 용서하기로 결심한 다음에는 다양한 작업을 통해 진정한 용서에 이르도록 도와주는 회기가 이어진다.

그런데 실제로 프로그램을 운영해 보면 심각한 상처를 받은 사람에게 엔라이트 모형대로 초반부터 용서하도록 권장할 경우, 해소되지 못한 분노나 증오심 때문에 거부감을 표현하는 이들이 많다. 어떤 참가자들은 용서하면 화해도 해야 하는 것으로 오해하여 용서에 대해 저항하기도 한다. 설혹 용서하기로 결심하더라도 분위기에 맞추거나 인정받고 싶은 욕구로 인해 마지못해 결심하는 경우도 종종 있다. 프로그램 초반부는 용서에 대한 이해가 심화되지 않은 상태일 뿐만 아니라 원한이 가시지 않고 상처 준 사람에 대한 공감이 이루어지지 않은 상태이기 때문에 용서를 거부할 가능성이 높다. 또한 용서는 해야만 하는 의무가 아니라 자발적으로 이루어지는 선택이기 때문에 용서 프로그램을 운영할 때는 참여자의 의견을 존중하는 것이 중요하다. 용서는 시간을 두고 서서히 자연스럽게 밟아 가는 과정이기 때문에 너무 서둘러 용서를 결심하도록 재촉하지 않는 것이 좋다.

이 책에서 제시하는 프로그램은 엔라이트 모형과 워딩턴 모형을 절충한 용서 과정을 중심으로 구성되어 있다. 용서에 대한 거부감을 최소화하고 자발적으로 용서를 선택하도록 돕기 위해서는 상처받은 사건은 물론 상처받은 자신과 상처를 준 상대방에 대해 다각도로 생각해 보고 이해하는 절차를 경험하는 것이 필요하다. 그래야 용서하고 싶은 마음이 자연스럽게 그리고 자발적으로 우러나오게 되기 때문이다. 이 프로그램을 구성한 국내의 용서연구 전문가들은 연구와 현장 경험을 통해 상처받은 사건과 상처 준 사람에 대한 이해를 심화시킨 다음, 상처를 극복하는 하나의 방법으로써 용서를 제시하여 스스로 선택하도록 돕는 것이 효과적이라는 데 의견을 같이 하였다. 따라서 엔라이트 모형을 토대로 개발된 기존의 용서 프로그램들의 틀과 기법을 참고하는 동시에 워딩턴 모형처럼 용서를 결심하도록 돕는 과정을 후반부에 배치하였다.

　엔라이트 모형에서는 결심 단계에서 상처를 극복하기 위한 기존의 대처방법이 얼마나 효과적이었는지 점검하여 새로운 대처방법의 필요성을 인식한 후, 새로운 대처방법의 하나로써 용서를 선택하고 결심하도록 개입한다. 이 프로그램에서는 결심 단계의 개입과정을 두 부분, 즉 새로운 대처방법의 필요성을 인식하는 앞부분과 용서를 선택 및 결심하는 뒷부분으로 구분하여 상대방에 대해 새롭게 바라보고 느껴 보는 작업 단계를 먼저 경험한 후 용서를 선택하고 결심하도록 구성하였다. 물론 이러한 구성 순서는 프로그램 참가자나 프로그램 진행 상황에 따라 유연하게 적용할 수 있다. 또한 프로그램 참가자의 수준과 상황에 따라 용서를 결심할 수도 있고 연기할 수도 있기 때문에 의도적으로 '용서'라는 단어를 프로그램 명칭에 포함시키지 않았다. 힐링 · 성장 프로그램의 구성과 회기별 자세한 내용은 제6장에 제시되어 있다.

제4장

용서의 촉진 전략[*]

마음의 상처를 치유할 수 있는 약은 단 한 개밖에 없다.
기적의 신비의 눈이 필요하다.
신비의 눈으로 사건을 새롭게 보아야만
과거에서 흘러온 상처를 치유할 수 있다.
−루이스 스미즈−

[*] 김광수(2008), 제4장을 수정 · 보완.

용서는 한 마디 말이나 결정 혹은 일회적 행동만으로는 불충분한 일련의 심리적 과정(process)으로 이해된다. 따라서 '일회적 사건이나 행위라기보다는 하나의 과정(process)이라는 관점'에서 용서를 증진하는 전략과 방법이 제시되고 있다. 용서를 실행하도록 돕기 위해서 몇 가지 중요한 전략들이 제시되고 있는데(Freedman, 1994; 김광수, 1999, 2008), 이러한 전략들은 용서연구에서 사용될 용서개입 프로그램의 기초가 되며 사람들이 습득하여 활용할 수 있도록 교육해야 할 중요한 내용이 된다. 여기서는 용서촉진 전략을 용서가 이루어지는 과정을 고려하여 순서대로 제시하고자 한다.

1. 상처를 자각하고 자유롭게 표현하기

대인관계에서 상처를 경험한 많은 사람들이 누군가 자기에게 깊은 상처를 주었다는 것을 인정하지 않거나 숨기려 한다. 용서는 상처를 정직하게 직면, 자각하고 이를 안전한 상황에서 표현하면서 시작된다. 따라서 진지하게 자신의 대인관계를 돌아보고 부정적 대인관계 상처 경험과 갈등을 통해 나타나는 분노, 미움, 복수심, 적개심이나 우울, 불안, 의기소침, 자신감 하락, 위축, 신체화증상 등의 형태로 나타나는 (인지, 정서, 행동 및 신체 · 생리) 반응을 자각하고 이를 안전한 상황에서 표현할 필요가 있다.

이를 위한 구체적 방안으로 갈등과 상처 또는 피해를 겪은 대상에게 사건 당시에 자신이 느꼈거나 현재 그 일을 회상할 때 나타나는 감정, 생각, 행동을 묘사하면서 상대에게 하고 싶은 말을 편지로 써 보는 활동이 있다. 이는 상대방에게 '보내지 않는 편지'를 쓰는 것이기 때문에 자기 방어를 풀고 비교적 있는 그대로 자신을 노출할 수 있으며 당시의 상황과 사건을 있는 그대로 느끼며 수용하고 표현할 수 있다.

때때로 방어나 억압이 심하여 보내지 않는 편지를 쓰면서도 충분히 느끼고 자각하고 표현하지 못하는 경우가 있는데 이럴 때는 여러 사람들이나 지도자 앞에서 읽어 보도록 할 수 있다. 실제로 여러 사람들 앞에서 편지를 읽으면 그 상황에 생생히 몰입하여 자신의 억압된 감정이나 생각을 마주하는 데 효과적이고, 이를 표현하는 과정에서 그 상황을 수용할 수 있다. 또한 '빈 의자 기법'이나 '역할 연기' 등을 사용하여 가상의 상대방이나 상대방 역할자에게 상처받고 분노를 느낀 자신의 감정과 생각을 자각·표현하는 노출을 촉진할 수도 있다.

2. 합리적 사고로 전환하기

사람들은 대개 상처받았던 경험 자체가 직접적으로 자신에게 부정적 영향이나 결과를 가져다준다고 생각하기 쉽다. 그러나 대다수의 경우 내가 느끼는 부정적 감정이나 부정적 행동 반응은 경험 자체보다는 그에 대한 나의 생각(사고 반응)에 영향을 받아 나타난다.

사람들이 자주 하는 비합리적 생각에는 자신이나 타인, 세상의 상황이나 조건에 대한 당위적 생각, 이분법적 생각, 극단적 생각 등이 있다.

- 당위적 생각: '반드시 ~ 해야 한다, ~ 해서는 안 된다, 나는 칭찬받아야 한다, 나는 야단을 맞으면 안 된다, 진정한 친구라면 나의 부탁을 거절해서는 안 된다' 등과 같은 사고를 말한다.

- 이분법적 생각: 흑백논리의 사고라고 할 수 있는데, '이것 아니면 저것이다'라는 식의 사고('진보 아니면 보수', '착한 사람과 악한 사람'과 같이 생각하는 것)를 말한다.

- 극단적 생각: '절대로, 한번도, 언제나, 늘, 항상' 등을 포함한 한쪽으로 크게 치우친 사고로 '저 사람은 한 번도 제대로 한 적이 없다, 저 사람은 절대로 믿을 수 없

다, 저 사람은 항상 자기 자랑만 한다.'와 같이 생각하는 것을 말한다.

비합리적 사고는 비현실적, 비논리적, 비실용적이며 융통성이 없는 닫힌 사고로 경직된 특성을 지닌다. 자신이 당한 상황이나 관련된 상대에 대해서 어떤 사고(생각)가 있는지 알아보고 이러한 사고가 현실적, 논리적, 실용적이며 융통성 있는 건강한 사고인지 평가할 필요가 있다. 상처 경험이나 가해자에 대해서 자동적으로 나타나는 비합리적 생각을 합리적이고 건강한 사고로 바꾸기 위해서 소망적 사고로 전환하는 훈련을 할 필요가 있다. 예컨대, '친구라면 나에게 거짓말을 해서는 안 된다'라는 사고를 '친구라면 나에게 솔직했으면 좋겠지만 자신의 상황 때문에 거짓말할 수도 있다.'라고 전환할 수 있고, '나는 절대로 실수를 해서는 안 된다.'는 사고를 '나는 실수를 하지 않았으면 좋겠다.'라는 소망적 사고로 전환할 수 있다. 이는 보다 긍정적이고 적극적이며 현실적인 사고방식이므로 이러한 사고 반응을 꾸준히 훈련할 필요가 있다.

많은 경우 과거의 사건이나 일 자체보다 이에 대한 자동적이고 비합리적인 사고 반응 때문에 고통이나 상처가 더 심해지고 부정적 반응이 지속된다. 이미 발생한 일에 대한 사고의 변화를 통해서 고통이나 부정적 반응을 줄일 수 있다. 특히 사건이나 대상으로 말미암아 자동적으로 떠오르는 부정적 사고나 장면을 보다 효과적으로 다루는 방법으로 '긍정적 상상하기 혹은 긍정적 사고 채널 돌리기'를 사용할 수 있다. 즉, 부정적 사고나 장면에 머무르지 않고 긍정적 사고나 장면으로 전환함으로써 부정적 지배에서 벗어날 수 있다. 이 방법의 효과적 적용을 위해서 상대방과의 관계 혹은 기타 다른 관계나 상황에서 긍정적이었던 기억의 목록을 작성해서 적절히 활용할 수 있는데, 이를 '나만의 긍정적 앨범/긍정적 통장'이라 지칭할 수 있다.

3. 새로운 눈으로 보기

많은 학자들이 이 전략을 진정한 용서를 하기 위한 필수전략으로 인정하고 있는데,

학자에 따라 재귀인 훈련, 긍정적/인지적 귀인, 과거를 다시 쓰기, 새로운 눈으로 보기, 재구조화, 건설적 대안주의, 상처를 재평가하기 등으로 표현하고 있다. 이 전략의 핵심은 적절한 사회적 조망 능력을 사용하여 자신에게 상처를 입힌 사람과 상처를 가져온 사건을 맥락(당시 상황이나 배경) 속에서 다시 바라보는 것이다. 이를 통해 상대방의 행동이 여전히 부당하다고 생각하면서도 그 일과 상대방을 더 깊이, 더 새로이 이해할 수 있다.

이를 위한 구체적 방법으로 상대의 행동(doing)과 존재(being) 가치를 구분해서 생각해 보기, 상대의 성장과정이나 생활 배경을 이해하기, 가해 당시 상대가 처한 상황 이해하기 등을 시도할 수 있다. 인지적 재해석, 즉 새로운 눈으로 보기의 핵심은 문제나 고통을 쉽게 해결할 수 없었던 기존의 일반적 관점에서 벗어나 새롭고 신선한 관점에서 바라봄으로써 문제를 보다 쉽고 생산적으로 다루게 하는 것이다. 가해의 부당성을 인정하면서도 사건과 상대를 새로운 관점에서 이해함으로써 그것에 영향을 끼친 여러 요인을 고려하여 바라보는 것이다.

예를 들면, 매일 술에 취해 가족을 구타하는 아버지를 맥락 속에서 바라보며 인지적으로 재해석, 즉 새로운 눈으로 바라보기를 할 수 있다. 아버지의 나쁜 행동이나 성격에만 초점을 두는 것이 아니라 그렇게 된 배경에도 초점을 두고 바라보는 것이다. 즉 어린 시절의 불행했던 성장 환경, 가장으로서 받게 되는 여러 압박감, 실직 상태, 스트레스 대처 기술 부족, 가정에서 인정받지 못하고 있는 점 등에도 초점을 두고 아버지를 새롭게 이해함으로써 '우리를 힘들게 하는 나쁜 사람'에서 '불행한 과거가 있었고, 삶에 지쳤으며, 우리의 지지와 이해가 필요했던 사람'으로 재구조화할 수 있다. 아버지에 대한 이러한 인지적 재해석, 즉 새로운 눈으로 보기는 아버지에 대한 용서 촉진에 기여할 수 있다.

4. 공감 촉진하기

상처를 준 사람의 입장이 되어 상대방이 어떻게 느끼고 있는가를 자신이 느껴 보려고 하는 '공감'을 통해 상대방에 대한 복수심이나 분노 등이 감소될 수 있다. 공감은 앞에서 제시한 세 번째 전략인 인지적 재해석 과정을 통해 촉진될 수도 있다. 이를 위한 구체적 방법으로 가능한 범위에서 상대방의 입장이 되어 느껴 보기, 상대방의 입장이 되어 나에게 보내는 편지 써 보기 등을 시도할 수 있다. 특히 공감을 하기 위해서는 상대방에 대한 이해가 필요하기 때문에 상대방을 잘 아는 사람을 통해 정보나 지식을 얻는 것이 선행 조건이 될 수 있다.

예컨대, 시어머니의 비난이나 지적, 경직된 사고나 행동으로 인해 상처받고 그 관계를 힘들어하는 며느리의 경우, 남편과의 특별한 대화를 통해 시어머니의 성장과정, 인간관계, 주요 사건 등에 대해 알아감으로써 시어머니의 행동과 그 내면에 대한 공감이 촉진될 수 있다. 이러한 공감의 촉진은 며느리의 심리적 탄력성을 증진시킴으로써 시어머니의 언행이 당장 변화되지 않더라도 이전보다는 상처를 덜 받고, 보다 유연하게 대처할 수 있는 힘을 주는 예방 효과를 가져오면서 용서를 촉진할 수 있다.

5. 측은한 마음 갖기

동정심을 갖는 것은 상대방의 고통을 느끼는 것만이 아니라 나아가 상대의 고통에 행동적으로 반응하는 것을 뜻한다. 다시 말해 상대방의 고통을 함께 느끼면서 자신도 괴로워하고, 그 과정에서 상대방에 대해 안타깝고 불쌍한 마음을 가지는 것이다. 동정심은 영어로 'compassion'인데 이 단어는 'com(함께)'과 'passion(고통을 느낌)'의 합성어로 '함께 고통을 느낀다'는 뜻이다. 이는 공감보다 더 깊은 반응으로, 상대방의 연약함이나 고통이 내게 고스란히 느껴져 상대를 위하여 어떤 적극적, 긍정적인 반응을 하게 하는 마음 상태다.

'나와 같은 한 인간으로서 가해자의 고통스러운(힘들어하는) 모습을 상상하고 느껴 보기' '상대방의 고통을 함께 느껴 보기' 등을 시도할 수 있다. 이러한 시도를 통해 비록 나에게는 고통이나 상처를 주었더라도 자신의 가족이나 가까운 사람들을 위해 나름대로 수고하면서 힘들게 살아가는 상대방의 모습을 상상하고 느껴 볼 수 있다. 또한 다른 사람과 좋은 관계를 맺으면서 살아가는 방법을 모르고, 자신의 한계에 갇혀 갈등하면서 힘들게 살아가는 상대의 모습을 보면서 상대에 대한 동정심(측은한 마음)을 느껴 볼 수 있다. 상대에게 동정심을 느끼게 될 때 이전의 부정적인 마음이 점차 밝고 좋은 감정으로 차오르게 된다. 나아가 분노와 부정적 감정이 사라지고, 상처의 결과로 나타났던 부정적 반응에서 긍정적인 반응으로 대처 방향을 바꾸는 '마음의 전환'이 일어나게 된다. 많은 임상적 사례들은 상대에 대한 동정심을 용서를 가장 효과적으로 촉진하는 요인으로 제시하고 있다.

6. 불완전성 통찰하기

앞에서 언급한 세 번째 전략인 인지적 재해석을 통해 피해자는 상처를 준 상대방이 연약하고 부족하며 잘못을 저지르기 쉬운 인간이라는 사실을 발견하게 되며, 이러한 발견은 용서를 촉진하는 데 도움이 된다. 나아가 상대방만이 불완전한 존재가 아니라 자신도 상대방처럼 불완전하고 약한 존재이며, 따라서 나 역시 다른 사람의 용서를 받을 필요성이 있(었)다는 사실을 자각하게 되면서 용서 과정은 더욱 촉진된다.

우리는 살아가면서 압박을 받거나 스트레스를 경험할 때, 피곤하거나 당황했을 때, 상처받기 쉽거나 불리하다고 느낄 때 크고 작은 실수나 잘못을 범하면서 다른 사람에게 상처를 줄 수 있다. 그리고 의도적으로 또는 무의식적으로 부정적 생각을 하거나 바람직하지 못한 행동을 하기도 한다. 그러므로 우리는 때로 용서받을 필요가 있고, 또 용서를 구해야 한다. 누군가에게 용서받았던 기억을 되살려 보는 것, 내가 상처받

은 것처럼 누군가에게 똑같이 행동한 것 등을 돌아보고 통찰하면서, 상처 준 사람과
나 자신 모두 용서가 필요한 존재임을 느낄 때 상대에 대한 용서가 촉진될 수 있다.

7. 상처를 타인에게 전가하지 않기

일반적으로 상처나 분노에 직면할 때 흔히 복수의 전략이 사용되기 쉽고, 이로 인해
상처의 악순환이 발생한다. 상처받은 사람은 상처 준 사람에게 복수하여 자신이 받은
만큼의 상처를 입힌다. 이로 인해 상처를 받은 사람은 자신의 상처가 더 크고 부당하
다고 생각하여 상대에게 상처를 되갚는다. 이런 식으로 상처의 주고받기(일명 복수의
악순환)가 지속되는 것이다.

그러나 용서를 하면 자신에게 주어진 상처로 인한 고통을 상대방이나 다른 사람에
게 전가하지 않고 자신이 흡수해 버림으로써 이러한 악순환을 끊을 수 있다. 상처를
흡수한다는 것은 상처가 곪아 터질 때까지 억압하고 품는 것이 아니라 자신의 고통을
있는 그대로 수용하면서 이에 대한 부정적인 반응을 극복하고, 보다 건강한 반응을 함
으로써 그 고통이 해소되도록 자신을 돌아보며 기다리는 것이다. 이 때 자신의 부정적
측면이나 약점보다는 긍정적 측면이나 강점에 초점을 맞추고, 이를 고통의 극복과 문
제 대처에 잘 활용해야 한다.

8. 현재의 자신을 수용하기

Close(1970; Freedman, 1994 재인용)는 성적 학대를 경험한 내담자가 자신을 성적으
로 순결한 존재로 볼 수 없었기 때문에 용서하지 못했지만, 학대의 결과로 자신이 변
화된 사실을 수용하면서부터 용서가 시작되었다는 사례를 제시한 바 있다. 때로는 어
떤 상처경험으로 말미암아 다시 돌이킬 수 없는 변화가 생길 수 있다. 그러나 상처경

험 이전의 모습에 집착하여 변화된 현재를 받아들이지 못할 때 자기치유와 대인적 문제 해결을 위한 용서를 하기 어려워진다.

지나간 과거를 바꾸거나 부정할 수는 없지만 이에 대한 관점과 시각을 새롭게 하는 것은 변화된 현재를 수용하는 데 도움이 될 수 있다. 따라서 이러한 고통이나 어려움을 겪으면서 성장한 자신의 모습, 새롭게 발견한 의미와 가치, 이를 극복하는 데 발휘된 자신의 강점이나 특성 등을 찾아보고 음미하게 하는 개입이 도움을 줄 수 있다.

9. 구체적인 긍정적 행동 시작하기

용서는 대인관계 갈등 상황에서 활용될 수 있는 다양한 대처 전략 중 하나로 일종의 선택 행동으로 볼 수 있다. 통제이론(control theory)에 의하면 인간의 전체 행동(total behavior)을 구성하는 인지, 감정, 행동, 신체 및 생리적 반응 중에서 가장 빨리 개입하여 변화를 가져올 수 있는 것이 행동이며, 행동이 변화할 때 그 부산물로 생각과 감정이 변화되고 신체적·생리적 변화까지 가져올 수 있다(Glasser, 1986). 따라서 상대방에 대한 부정적 감정과 생각이 쉽게 변화되지 않고 용서하려는 마음이 잘 생기지 않는다 하더라도 자신의 행동을 통제하여 상대방에 대한 부정적 행동반응을 줄여 나갈 필요가 있다.

부정적인 상태에서 중립적인 방향으로, 그리고 긍정적 방향으로 점차 행동을 선택하여 실행해 나가면 상대방에 대한 부정적 감정과 생각이 서서히 줄어들 수 있다. 분노의 행동보다는 사랑의 행동을 취하는 것이 궁극적으로 자신에게 더 많은 만족을 줄 수 있다는 자각 하에 용서를 선택하고 행동화할 필요가 있다. 행동을 위한 구체적 방안으로 '용서의 선물 주기' 방법이 있다. 선물은 구체적 물건이나 행동 혹은 상징적인 것이 될 수도 있다. 예를 들면 그 사람에게 웃어 주는 것, 따뜻한 말 한마디 혹은 칭찬을 해 주는 것, 작은 선물(책, 과자, 음악 CD 등)을 전해 주는 것, 따뜻한 마음을 전할 수 있는 쪽지나 카드를 전해 주는 것 등 다양할 수 있다.

이 때 중요한 것은 현재 상황에서 가장 적절한 선물 고르기다. 여러 선물 목록을 떠올리고 적어 본 후 각각의 선물에 대해 지금 여기에서 그것을 상대에게 준다고 생각했을 때 어떤 느낌을 갖게 되는지 솔직하게 평가할 필요가 있다. 평가 결과 현재 자신이 가장 편안하게 느끼는 것, 그 수준의 선물이 바로 그 사람에게 해 줄 수 있는 가장 적절한 선물이며 이것이 구체적인 용서 행동의 시작이 될 수 있다. 물론 목록에 기록해 둔 다른 선물도 적절한 시기에 활용할 수 있다.

10. 새로운 삶의 의미와 목표 발견하기

상처경험 후 용서로 나아가기 위해 자신을 돌아보고 상대방과 그 맥락을 이해하려고 노력할 때 '왜 하필이면 내게 이러한 일이 생겨서 힘든 과정을 거쳐야만 하는가'하는 의문이 들 수 있다. 이런 일을 당하지 않고도 잘 살아가는 사람이 주변에 많은데 왜 자신에게 이런 일이 생겨서 시간과 에너지를 소비하며 여러 가지 손실을 경험해야 하는가 하는 의문 말이다.

이 때 우리가 적용할 수 있는 전략은 상처와 고통을 겪고 이를 극복해 나가는 과정에서 깨닫고 배우게 된 삶의 의미와 가치 또는 새롭게 생겨나거나 확인하게 된 삶의 목표를 발견해 내는 것이다. 이렇게 발견된 의미와 가치, 목표는 책에서 지식이나 정보로 얻는 것과는 달리 자신의 경험과 체험을 통해 얻게 되는 '진짜 자신의 것'이 된다. 자신만의 의미와 가치, 목표를 발견할 때 용서가 더욱 촉진, 심화되고 상처로 인한 상실을 극복해 내는 값진 보상을 얻게 된다.

원치 않는 상처를 경험하고 극복하는 과정에서 얻게 되는 가치와 유익은 외상을 겪은 후에 따르는 고통을 대처해 나간 결과로 외상 이전의 적응력 및 심리적 수준을 뛰어넘어 성장, 번영하게 되는 외상후 성장(Posttraumatic Growth)의 개념과도 연결된다고 볼 수 있다(Zoellner & Maercker, 2006).

앞에서 제시한 용서 촉진 전략은 문제 상황 및 대상의 발달적 특성에 맞게 재구조화되어 적용될 필요가 있다. 요컨대 용서 촉진 전략은 상처, 갈등, 분노 등의 역경(부정성)을 보다 현명하게 대처하고 극복하는 과정을 통해 스스로 성장하고 변화하는 회복 탄력성(긍정성) 증진의 관점에서 적용되어야 한다. 용서를 하기 위한 용서라는 압박감에서 벗어나 상처나 역경에 대하여 보다 건강하고 현명하게 반응하면서, 자신의 내외적 자원과 강점을 발견하고 이를 잘 활용하여 내적 치유, 회복, 성장과 안녕을 경험하는 용서로 나아가야 한다.

제5장

용서의 효과

인간으로서 우리의 자유는 용서에 바탕을 두고 있다.

용서는 스스로를 가둔 감옥에서

우리를 해방시킬 뿐 아니라 우리를 억압하고

상처를 주고 마음 아프게 한 것으로부터 자유롭게 한다.

-스태니슬라우스 케네디 수녀-

　인간은 살아가면서 여러 가지 갈등과 상처, 고난과 고통을 겪는다. 그것은 일상적인 대인관계에서 오는 크고 작은 갈등이나 상처일 수도 있고, 가족이나 친구의 죽음, 이혼, 집단 따돌림, 교통사고, 건물이나 다리의 붕괴, 총기사고, 천재지변, 전쟁과 같은 고통스러운 경험일 수도 있다. 이러한 일련의 사건들은 개인에게 분노, 좌절, 수치심, 소외감, 배신감, 두려움, 불안, 원망, 후회, 복수심과 같은 부정적 정서와 감정을 경험하게 만든다. 이러한 부정적 정서는 신체적 · 정신적 질병이나 대인관계의 파괴 등으로 발전하여 개인의 삶을 망가뜨리는 원인이 되기도 하며 때로는 민족 간, 국가 간, 종교 간 지속적인 분쟁의 원인이 되기도 한다. 최근 이루어지고 있는 많은 연구는 용서가 이러한 부정적 정서를 극복하는 데 효과가 있을 뿐 아니라 긍정적 정서를 고양시키는 데에도 큰 효과가 있다고 보고하고 있다. 또한 대인관계 갈등 및 상처경험의 치유에도 효과를 나타내고 있으며 나아가 국가 및 민족 간 분쟁의 해결책으로도 떠오르고 있다. 이 장에서는 다음과 같이 신체적 · 심리적 · 사회적 영역에서의 용서의 효과에 대해 살펴보도록 한다.

〈표 5-1〉 용서의 효과

영역	효과
신체적 영역	심혈관계 치료 · 암 예방 · 내분비 및 면역체계에 도움 생체적응력 및 교감신경의 각성 수준에 긍정적 영향
심리적 영역	공감능력 · 자존감 · 희망수준 증가 분노 · 불안 · 슬픔 · 우울 감소 정서지능 발달 · 심리적 안녕감에 긍정적 영향
사회적 영역	대인관계 능력 향상 및 학교생활 만족도 증가 국가 · 지역 · 민족 · 종교 간 갈등 치료 공격행동 및 비행 감소

1. 신체적 효과

신체적 영역에서 나타나는 용서의 효과는 심리적·정서적 영역과 따로 떼어서 생각할 수 없을 만큼 밀접한 관련이 있다. 용서를 통해 부정적 정서를 극복하지 못하는 경우 그러한 증상이 신체에 나타나기도 하는데 이는 스트레스로 인한 만성 피로 및 두통에서부터 심장병이나 암에 이르기까지 다양하다. 최근 미국의 한 병원의 연구에 의하면 자신에게 피해를 끼친 상대방을 이해하지 못하는 마음은 자신의 혈압과 심박동수를 높이는 원인이 되어 심혈관계에 큰 부담을 준다는 결과가 발표되었다. 반면 자신에게 상처를 주거나 잘못을 저지른 사람을 너그럽게 이해하고 용서할 경우, 내재되어 있는 불안감과 우울감이 감소되고 자존감이 향상될 뿐만 아니라 타인을 용서하지 못할 때 생기는 부정적인 신체 변화 역시 사라지는 것으로 나타났다. 최근의 한 연구에서도 용서 수준이 높을수록 심장질환 발생 확률이 낮고 혈압도 높지 않은 것으로 나타났다(Seybold, Hill, Neumann, & Chi, 2001).

1950년대에 약 2천여 명의 남성을 대상으로 20년간의 추적조사를 한 연구를 살펴보면 높은 적개심을 보인 남성들이 20년 후에 훨씬 더 많은 심장병을 앓고 있는 것으로 드러났으며, 비슷한 시기에 의과대학생 225명을 대상으로 한 연구에서도 높은 수준의 적개심을 경험한 사람들이 25년 후에 더 많이 심장병에 걸리거나 조기에 사망하는 것으로 나타났다(Enright, 2001).

또한 여성암 환자들의 경우 반복되는 절망으로 인해 '한'의 정서를 경험하기 쉬우며 이러한 '한'의 대상을 용서하지 못하면 증오와 적대감 속에 삶을 마감하는 경우가 많다. 적대감이나 증오는 생체적응력과 심혈관 기능, 내분비 및 면역체계에 악영향을 주고, 교감신경의 각성 수준을 높여 생체 부적응 상태를 초래한다. 심한 경우 암의 증상이 악화되거나 재발되어 죽음에 이르기도 한다(박종효, 2003). 따라서 용서를 통해 이러한 정신적·신체적 부적응을 극복하는 것은 상처로 인한 분노와 증오, 적대감을 경험한 사람들을 신체적 질병으로부터 보호해 줄 수 있다.

2. 심리적 효과

1) 부정적 정서의 감소 및 문제 해결

용서는 특히 부당하고 깊은 상처를 받았을 때 사용하는 효과적인 해결 방법의 하나로, 자신에 대한 부정적 정서를 극복하도록 도와주며 갈등에 의한 상처를 감소시키도록 도와준다(오영희 2008). 용서를 하면 가해자에 대한 분노 및 적대감이 감소되고 긍정적인 사고와 정서가 증진되는 효과가 나타나는 것이다. Sarinopoulus(1996)도 그의 연구에서 가해자를 용서한 사람일수록 분노 수준이 낮게 나타난다고 하였다.

분노는 분명한 가해자가 있는 경우에 나타나기도 하지만 유전적 성향으로 인한 공격성, 어린 시절의 학습, 가부장적인 제도 및 사회 분위기, 주변의 지나친 기대 등으로 인해 발현되는 경우도 많다. 이러한 경우 가해자가 없는 상황에서도 개인은 부당하거나 불의한 일을 직·간접적으로 경험하며 분노를 느끼게 되는데, 용서는 이러한 상황에 적절히 대처할 수 있도록 도와 용서하지 못함으로 인해 발생할 수 있는 신체 및 정신적 고통, 인격의 파괴, 각종 범죄의 가능성으로부터 개인을 자유롭게 할 수 있다.

또한 용서는 불안의 감소에도 효과가 있는 것으로 나타났다. 불안은 개인의 일상적 삶에서 흔히 일어나는 정서 상태로 긴장과 염려가 지각된 감정을 말하는데, 불확실한 느낌이나 무력감을 포함한다. 이러한 상태에서 개인은 역량을 충분히 발휘할 수 없을 뿐만 아니라 일상생활 및 대인관계에서도 어려움을 겪을 수 있다.

용서는 상처와 그로 인한 고통과 불안을 직면하고 인정하는 것으로부터 시작되는데, 이러한 상처를 안전한 상황에서 노출시키고 표현하면서 개인은 카타르시스를 느끼게 되고, 이는 불안과 같은 부정적 정서를 해소하는 데 많은 도움이 된다. 나아가 진정한 용서는 관계로 인한 상처 때문에 발생하는 대인 불안 및 기피 증세를 극복하고 정서적 안녕감과 개인의 자유가 회복되도록 돕는다.

우울은 현대사회에서 빠르게 증가하고 있는 정서 상태로 심해질 경우 우울증이나 조울증 등의 정신적 질병으로 발전하기도 한다. 용서는 우울과 부적상관이 있음이 밝혀졌는데 용서를 못하는 사람은 각종 스트레스로 인한 부정적 감정에 시달리기 쉽고 정서적 안정감을 갖기 어렵다. 이러한 상태에서 벗어날 수 있도록 도와주는 것이 용서인데 가해자에 대한 인지적 · 정서적 이해를 하게 하여 상처경험으로 인한 우울한 상태를 이겨낼 수 있도록 돕는다.

그 밖에도 용서는 아동학대나 방치를 당한 성인아이, 알코올중독 친족이 있는 사람, 낙태를 하고 죄책감에 시달리는 사람, 가정 폭력 피해 여성, 성인아이와 함께 생활하는 분노에 찬 노인, 갈등을 겪는 부부 등의 문제 해결에도 효과가 있다는 결과가 제시되어 왔다.

2) 긍정적 정서의 증진 및 정서지능의 발달

용서는 앞에서 언급한 부정적 정서의 극복이나 문제의 회복 이외에도 개인의 정서지능, 자아존중감, 희망, 공감, 주관적 안녕감 등의 다양한 긍정적 정서를 촉진하는 데에도 영향을 미치는 것으로 나타나고 있다.

엔라이트가 제시한 용서의 과정 중 '작업 단계'는 새로운 눈으로 가해자를 바라보는 것에 중점을 둔다. 자신에게 상처를 준 가해자의 입장을 이해하기 위해 그의 성장 배경이나 당시의 상황을 고려해 보고, 더 나아가 가해자의 감정과 입장을 느끼려 노력하면서 상대방에 대한 마음을 전환하는 이 단계는 공감과 밀접한 관련이 있다. 공감은 타인의 마음을 함께 느끼는 것으로 자신의 가치 판단이나 상대방의 입장에 대한 동의 여부와 상관없이 그 사람과 함께 있으면서 상대방의 마음을 그대로 느껴 주는 것을 의미한다. 이러한 용서와 공감의 관계는 용서를 통해 공감능력이 증진될 수도 있지만 공감을 통해 용서가 촉진될 수도 있음을 나타낸다.

초등학생을 대상으로 한 연구에서 용서는 공감능력 중 인지적 공감, 정서적 공감, 의사소통적 공감 모두의 향상에 영향을 미쳤으며, 특히 인지적 공감 중 조망취하기와 정서적 공감 중 공감적 각성 증진에 효과를 나타냈다. 이는 용서가 자기중심적인 사고에서 벗어나 타인의 입장과 감정을 이해하고 적절히 표현하는 공감능력 향상에 기여한다는 것을 뒷받침해 준다.

용서는 정서지능의 향상에도 영향을 미치는 것으로 나타났는데 이는 구체적으로 다음과 같은 과정을 거친다. 용서의 시작점에서 대부분의 사람은 타인이 자신에게 상처를 주었다는 것을 인정하지 못하거나 자신도 모르게 부인하려 한다. 그러나 시간이 흘러 이러한 방어가 허물어지면 내면에 있는 분노와 증오 등의 감정을 자각하게 되는데 이것을 안전한 방법으로 표현하는 것이 용서의 시작이다. 이러한 과정은 정서지능을 구성하는 정서의 인식과 표현 능력을 향상시켜 줄 수 있다.

정서지능의 또 다른 구성요소로는 정서의 반성적 조절 능력을 들 수 있다. 이는 자신이 느끼는 정서를 객관적이고 반성적으로 받아들일 줄 아는 능력을 말하며, 용서의 과정 중 상처와 고난, 고통 속에서 용서를 결정하는 것이 자신과 상대방에게 가져오는 의미를 발견하는 것과 관계가 깊다. 이 단계에서 개인은 상처 경험 자체와 용서하는 과정 속에서 깊은 의미와 개인적인 유익을 인식하게 되는데, 이는 스스로 정서를 조절하여 상처로 인한 부정적인 정서를 긍정적인 정서로 전환하는 데 큰 도움을 준다.

또한 자신도 완전한 존재가 아니며 다른 사람의 용서가 필요했던 사건을 기억해 내는 단계에서는 상처를 준 상대방에 대한 미움이나 원망의 수위를 조절 또는 극복하게 된다. 이러한 용서의 과정은 정서의 반성적 조절 능력을 향상시켜 정서지능 증진에 효과를 미치게 된다.

대인관계에서의 깊고 부당한 상처는 개인의 자아존중감에 심각한 손상을 입히는데 손상된 자아존중감은 개인의 삶에 상당한 파급효과를 가져온다. 때로는 이러한 파급효과가 개인을 넘어 사회 전반으로도 악영향을 미치기 때문에 손상된 자아존중감의 회복은 매우 중요하다. 용서는 내면의 상처를 치유해 줌과 동시에 자기 자신에 대한 긍정적 자각을 갖게 하며, 높은 수준의 도덕적 성숙을 도와 개인의 자아존중감을 향상시키는 결과를 가져온다.

용서는 개인의 주관적 안녕감을 증진시키는 데에도 효과적이라는 사실이 많은 연구를 통해 증명되고 있다. 긍정적 정서 수준에 따른 삶의 만족도를 주관적 안녕감이라고 볼 때 용서를 통해 미움이나 원망, 우울이나 분노 등의 부정적 정서를 극복하게 되면 심리적 건강과 주관적 안녕감이 향상되며, 이것은 개인의 긍정적 변화와 성장을 이끌어 내는 원동력으로 연결된다. 이외에도 용서는 삶의 목적과 개인적 성장, 대인 관계, 자기수용 등을 포함하는 개념인 개인의 심리적 안녕감과 희망 수준에도 긍정적인 영향을 미치는 것으로 나타나고 있다.

3. 사회적 효과

최근 용서에 대한 연구는 다양한 영역에서 여러 부류 및 계층, 연령을 상대로 이루어지고 있는데 용서는 유아 및 초등학생의 공격성 감소에도 영향을 미친다는 결과가 보고되었다. 용서를 배운 유아와 아동은 그렇지 않은 또래에 비해 외현적 공격행동(신체적 공격행동, 언어적 공격행동 포함)이 유의미하게 감소하였으며 내재적 공격행동(보복적 행동, 고자질하기 등 포함) 또한 눈에 띄게 줄어들었다. 이는 억압되어 있던 부정적인 정서가 용서를 통해 해소됨으로써 자신과 타인을 수용하며 상대방의 입장을 이해하고 감정이입하는 경험이 공격적 행동의 감소에 영향을 주었다고 볼 수 있다.

또한 대인관계에서 비롯된 상처에 대해 용서의 과정을 성공적으로 경험한 학생들은 타인의 입장을 고려하고 공감하는 것을 통해 갈등을 극복해 나가는 것이 자신의 삶에 유익함을 깨닫게 된다. 이는 손상된 관계를 회복하도록 도와줄 뿐만 아니라 앞으로 맺을 관계를 유연하게 대처하도록 도와 대인관계를 원만하게 유지하게 하는 중요한 역할을 한다. 앞에서 언급한 용서의 효과 중 긍정적 정서의 증진과 관련해 공감능력의 향상을 살펴보면 결국 공감능력의 향상은 대인관계 갈등 및 상처를 극복하는 데 큰 도움이 되며, 대인관계에서 타인에 대한 민감성 향상에도 영향을 미쳐 긍정적 관계를 유지하는 데 도움을 준다는 것을 알 수 있다.

용서 과정을 거치면서 경험하게 되는 자신과 상대방에 대한 이해와 공감은 관계로부터 발생하는 문제를 사전에 예방하도록 돕는다. 뿐만 아니라 문제가 발생했을 때 관계 회복을 위한 동기의 발현, 새로운 관점의 채택, 부정적 정서의 감소, 건강한 의사소통 방법 모색 등의 과정에 개입하여 합리적인 갈등해결 및 긍정적 대인관계 유지를 하도록 돕는다.

아울러 용서는 개인의 긍정적 정서를 증진시켜 내적 성장에 영향을 미치게 되는데 이로 인해 형성된 자신과 타인에 대한 신뢰감은 보편적 타자에게까지 확대되어 새로운 관계 형성에 긍정적으로 작용한다.

대인관계에서의 성공적인 용서 경험은 상처와 갈등으로 인한 복수의 악순환을 막고, 보다 원활하고 긍정적인 사회적 상호작용을 하도록 도울 뿐 아니라 용서받은 대상이 다시금 타인을 용서하도록 동기를 유발하는 선순환을 일으키는 긍정적 효과가 있다.

더불어 용서는 국가, 지역, 민족, 종교 간의 갈등을 치유하고 과거의 상처와 고통으로부터 벗어나 관계를 회복하게 하는 데에도 중요한 역할을 한다. 이는 가해자와 피해자라는 적대적 관계를 떠나 새로운 관계를 정립하여 조화롭고 평화로운 미래를 건설하는 데 기여한다. 지금까지 이러한 분쟁을 해결하려는 다양한 노력과 대안이 제시되어 왔지만 그 효과는 미미하였다. 용서가 이루어지지 않으면 분쟁 당사자 간에 대화가 단절되고 상호 신뢰가 깨어지며, 이는 협력에 대한 의지를 약화시켜 다시 폭력적 분쟁이 재발하는 악순환이 계속되기 때문이다. 현재 용서가 이러한 분쟁의 해결에 효과가 있음이 입증되고 있다(손운산, 2004; 오영희, 2005; Enright et al., 2007).

이와 같이 용서는 신체적 질환의 예방 및 치료, 부정적 정서의 감소 및 긍정적 정서의 증진에 큰 영향을 미치며, 대인관계 대처 능력의 향상 및 개인 내외적 문제와 심각한 사건 사고의 해결책이라는 것을 알 수 있다. 또한 범위를 넓혀 국가와 민족, 종교적 분쟁에 있어서도 새로운 해결책이 될 수 있음이 입증되고 있다. 다양한 갈등과 상처 상황에서 용서라는 해결책을 선택하는 것은 건강하고 행복한 삶을 위해 매우 중요한 일이 아닐 수 없다.

제2부

프로그램의 실제

제6장

프로그램의
이해

오직 용감한 자만이
용서하는 법을 알고 있다.
-로렌스 스턴-

1. 프로그램의 목표

이 프로그램은 용서 과정을 통하여 인간관계 갈등으로 인한 부정적인 반응과 심리적 상처를 치유하고 회복할 뿐 아니라 보다 건강하고 행복한 삶을 살아가는 데 도움을 주고자 하며, 주요 목표는 다음과 같다.

- 신체적 안녕 증진: 내면의 부정적인 감정들을 억압했을 때 발생할 수 있는 만성 피로감, 통증, 심장질환 등의 신체 증상을 감소시킴으로써 질병의 예방 및 신체적 안녕을 증진한다.

- 심리적 안녕 증진: 상처로 인한 분노, 불안, 우울 등 부정적 정서를 감소시키고 자신에게 잠재된 강점을 바탕으로 성장을 추구함으로써 심리적 안녕을 증진한다.

- 사회적 안녕 증진: 개인의 안녕을 도모할 뿐만 아니라 복수의 악순환을 막고 용서받은 사람이 또 다른 사람을 용서하는 선순환을 이끌어 사회적 안녕을 증진한다.

2. 프로그램의 구성

이 프로그램은 '개방-작업 및 결심-심화' 단계로 구성되어 있다.

- 개방 단계: 개방 단계에서는 자신이 맺어 온 인간관계를 되돌아보면서 긍정적인 경험과 부정적인 경험을 떠올려 보고(2회기), 그중에서 특히 누군가에게 상처받았던 경험을 한 가지 택하여 당시의 상황을 자세히 회상하면서 상대방에게 느꼈던 부정적인 정서를 자각하고 표현(3회기)한다. 상처에 대해 취해 온 반응과 그로

인한 부정적인 영향을 되돌아보고 상처 극복을 위해 시도해 온 대처방법의 효과를 점검해 봄으로써 새로운 방법을 시도할 필요가 있음을 인식한다(4회기).

• 작업 및 결심 단계: 작업 및 결심 단계에서는 상처를 준 상대방의 처지에 대해 새로운 관점으로 바라보고(5회기), 상대방의 입장이 되어 새로운 마음으로 느껴 본 후(6회기), 상대방에 대해서 기존의 부정적인 반응을 멈추고 긍정적인 반응을 시도하기로 선택 · 결심하면서 상대방을 위한 선물을 준비한다(7회기).

• 심화 단계: 심화 단계에서는 상처받은 경험으로 인한 고통이 내 삶에 주는 의미와 용서가 주는 자유를 발견하고, 용서를 하는 데 있어 도움이 되는 요소와 방해가 되는 요소를 점검해 본 후, 앞으로의 삶에서 용서 여정을 지속하려는 의지를 다진다(8회기).

3. 프로그램의 개요

이 프로그램은 용서 과정에 따라 도입, 개방, 작업 및 결심, 심화의 네 단계로 구성되어 있다. 프로그램 참여자들은 공감하는 분위기 속에서 부당하게 상처받은 경험을 떠올리고 당시의 부정적 정서를 자각하고 표현한 후, 상처를 준 상대방에 대해서 새로운 관점에서 바라보고, 느끼고, 대처해 보는 과정을 거치면서 자연스럽게 용서 과정을 경험하게 된다. 회기당 90분씩 총 8회기로 구성되어 있으며 프로그램의 회기별 주제, 목표, 활동내용은 〈표 6-1〉과 같다.

〈표 6-1〉 인간관계 힐링·성장 프로그램의 개요

구분	회기	주제	목표	활동 내용
도입	1	마음 열고 나누기	• 프로그램의 목적을 이해하고 참여 동기 갖기 • 자신의 장점을 인식하고 소개하며 친밀감 형성하기	• 프로그램 소개 • 프로그램 참여 규칙 정하기 • 별칭 짓고 자기 소개하기 • 프로그램 참여 이유 및 목표 나누기 • 준비물: 자신의 장점과 인간관계 관련 자료
개방	2	나 자신과 인간관계 돌아보기	• 마음에 드는 나와 마음에 들지 않는 나 파악하기 • 인간관계를 돌아보며 내게 도움이 되었던 사람과 힘들게 했던 사람 찾아보기	• 과제 점검 • 나 자신을 이해하기 • 나의 인간관계 되돌아보기 • 활동 소감 나누기 • 과제: 상처 체크리스트 작성해 오기
개방	3	상처 마주하기	• 미해결된 상처와 상처 준 대상을 회상하고 상처를 직면하기 • 내면에 남아 있는 상처로 인한 분노와 부정적 감정들을 자각하고 자유롭게 표현하기	• 과제 점검 • 상처 준 대상 직면하기 • 부정적 감정 표현하기 • 상처의 부정적 영향 성찰하기 • 자기자비 명상 실천하기 • 활동 소감 나누기
개방	4	상처의 영향 자각하기	• 상처에 대한 자신의 반응과 상처의 부정적 영향에 대해 자각하기 • 갈등상황에서 주로 사용해 온 대처방식을 평가하고 새로운 대안 및 변화의 필요성을 인식하기	• 상처의 부정적 영향 자각하기 • 대처방식 점검하기 • 활동 소감 나누기 • 과제: '( )의 삶' 작성해 오기
작업·결심	5	새로운 눈으로 바라보기	• 상처 준 사람과 상처를 맥락 속에서 새롭게 바라보기 • 인간은 불완전한 존재이기 때문에 비합리적으로 사고할 수 있고, 상처 줄 수도 있음을 이해하기	• 과제 점검 • 상처에 대해 새로운 눈으로 바라보기 • 비합리적인 사고를 합리적인 사고로 바꾸기 • 자신이 타인에게 상처 준 경험 되돌아보기 • 활동 소감 나누기

작업·결심	6	새로운 마음으로 느껴 보기	• 나에게 상처를 준 상대방에 대한 감정을 점검하기 • 상대방의 입장이 되어 봄으로써 공감하고, 동정심을 느끼며 용서 촉진하기	• 공감하기 • 상대방에 대한 나의 감정 점검하기 • 상대방의 입장이 되어 느껴 보기 • 활동 소감 나누기 • 과제: 용서 관련 경험 작성해 오기
	7	새로운 행동 계획하기	• 용서의 필요성과 진정한 용서의 의미 이해하기 • 상처를 준 상대방을 용서하기로 결심하고 선물 목록 작성하기	• 용서 경험 나누기 • 진정한 용서의 의미 이해하기 • 용서 선택 및 시도 결심하기 • 상대방에게 주고 싶은 선물 목록 작성하기 • 활동 소감 나누기 • 과제: 선물 목록 중 한 가지 전하기 • 준비물: 참여자들과 나눌 선물 준비
심화	8	계속되는 용서 여정	• 용서 경험(고통)의 의미 성찰하기 • 긍정적 변화를 살펴보고 용서 여정을 지속할 수 있도록 각오 다지기	• 용서 척도를 통한 자기 평가 • 용서 여정 되돌아보기 • 칭찬세례 • 프로그램 성과 평가 • 프로그램 참여 소감 나누기

4. 회기별 내용

1) 1회기: 마음 열고 나누기

프로그램의 목적을 안내하고 참여자들과 함께 규칙을 정하면서 상담 과정을 구조화하고 관계 형성을 촉진한다. 숨은 얼굴 찾기를 해 본 후, 숨은 얼굴을 찾듯이 자신의 장점을 가급적 많이 찾아보고 그와 관련된 별칭을 지어 소개한다. 프로그램에 참여한 이유와 기대하는 것에 대하여 이야기하면서 새로운 만남이나 변화로 인한 긴장감과 두려움을 함께 나누고 참여를 격려한다.

2) 2회기: 나 자신과 인간관계 돌아보기

자신의 장단점과 인간관계 경험을 참여자들과 공유함으로써 친밀감을 형성한다. 나의 장점과 단점에 대해 이야기 나누는 과정에서 참여자들과의 공통점과 차이점을 발견하여 자신과 참여자들의 장단점에 대해 수용적인 태도를 가진다. 인간관계의 의미를 생각하며 여러 관계 경험을 되돌아보면서 자신에게 힘이 되었던 사람과 힘들게 했던 사람을 각각 떠올려 보고, 상대방의 어떤 점이 내게 힘이 되었고 어떤 점이 나를 힘들게 했었는지 진솔하게 이야기 나누면서 참여자들과 공감대를 형성한다.

3) 3회기: 상처 마주하기

미해결된 상처 경험을 떠올려 보고 그로 인한 부정적인 정서를 자각하고 표현한다. 누군가가 내게 너무나 부당하게, 그리고 힘들거나 마음 아프게 상처 주었던 경험을 떠올려 보고 상처를 준 상대방에 대한 현재 나의 마음을 점검해 본다. 그 당시의 상황과 경험을 구체적으로 회상하면서 그때 느꼈던 감정들을 충분히 자각하고 최대한 솔직하게 표현해 본다. 역할극(목각인형을 활용하거나 리더나 다른 참여자가 상대방 역할을 해 줌)을 통하여 당시에 하고 싶었지만 미처 못했던 말과 상대방에게 듣고 싶었던 말을 '지금-여기'에서 표현하고 들어 봄으로써 감정 정화를 경험한다.

4) 4회기: 상처의 영향 자각하기

미해결된 상처 경험이 내 삶에 미친 영향을 자각하고 새로운 대처 행동을 모색한다. 대인관계 갈등 과정에서 자동적으로 나타났던 대처 반응은 무엇이고 그러한 반응들이 신체적·심리적·관계적 측면에서 어떤 영향을 미쳤는지에 대하여 이야기 나눈다. 또한 평소 대인관계 갈등으로 분노를 느낄 때 시도해 온 나름의 대처 방법은 무엇이었으며 그 효과는 어떠했는지 점검해 본다. 지금까지 시도한 방법이 효과적이지 못했다면 새로운 방법을 시도할 필요가 있음을 자각하고, 대처 방법 중 효과적이었던 방법이 있다면 계속 지속하면서 효과를 강화할 방안을 고려해 본다.

5) 5회기: 새로운 눈으로 바라보기

똑같은 그림이 다르게 보이는 착시그림처럼 나에게 상처를 준 상대방에 대해서도 맥락에 따라 다르게 바라볼 수 있음을 경험한다. 상대방의 성장 배경, 살아온 삶, 나에게 상처 줄 당시의 상황에 대하여 생각해 봄으로써 상대방의 입장이나 처지를 이해할 수 있게 된다. 평소 가지고 있던 비합리적인 사고를 합리적으로 바꾸어 보고, 내가 타인에게 상처 주었던 경험을 떠올림으로써 모든 인간은 불완전한 존재임을 수용한다.

6) 6회기: 새로운 마음으로 느껴 보기

음악이 바뀌면 감정도 바뀌듯 나에게 상처를 준 상대방에 대해서도 입장을 바꾸어 새롭게 느껴 볼 수 있음을 경험한다. 참여자들은 공감이나 지지가 필요했던 상황을 쪽지에 적어 내고 무작위로 뽑아서, 나라면 쪽지에 적힌 상황에서 어떤 감정을 느낄지 공감적으로 반응해 본다. 나에게 상처를 준 상대방에 대한 감정이 상처받을 당시에는 어땠는지 떠올려 보고, 또 이 순간에는 어떠한지 느껴 본 다음, 프로그램에 참여하면서 상대방에 대한 감정에 어떠한 변화가 나타났는지 점검해 본다. 빈 의자 기법을 활용하여 빈 의자에 상대방이 있다고 가정하고 '지금-여기'에서 하고 싶은 말을 해 본 후, 상대방의 입장에서 내게 하고 싶은 말을 함으로써 상대방이 나에게 느꼈을 감정을 짐작해 본다.

7) 7회기: 새로운 행동 계획하기

진정한 용서의 의미와 그 필요성에 대한 이해를 바탕으로 나에게 상처를 준 상대방에 대한 기존의 부정적인 반응 대신 긍정적인 반응을 시도하기로 선택·결심한 후, 상대방에게 주고 싶은 선물을 준비한다. 용서받았거나 용서했던 경험을 되돌아보면서 각자가 생각하는 용서의 의미와 필요성에 대해 자유롭게 이야기 나눈다. 용서에 대한 오해를 바로잡고 진정한 용서의 의미를 이해하면서 지금까지 우리가 해 온 활동이 용서 과정에 따른 것임을 확인한다. 미해결된 상처를 극복하기 위한 방법으로 용서를 선택하고 결심하며 서약서를 작성한다. 또한 나에게 상처를 준 상대방에게 주고 싶은 선물 목록을 작성해 보고, 편안한 마음으로 전할 수 있는 선물을 한 가지 택하여 전달을 계획한다.

8) 8회기: 계속되는 용서 여정

프로그램 참여 과정을 되돌아보면서 변화를 점검하고 앞으로의 삶에서 상처를 극복하며 성장하려는 의지를 다진다. 용서 척도를 작성하면서 상대방을 얼마나 용서하고 있는지 점검한다. 지금까지의 용서 과정을 통해 변화된 점과 배우고 깨달은 점은 무엇인지 살펴보고, 이후 용서를 시도하는 데 걸림돌은 무엇이며 이를 어떻게 극복하면 좋을지 의견을 나눈다. 참여자 한 사람씩 칭찬세례와 함께 지지와 격려를 보내고, 참여 소감을 나누며 마무리한다.

5. 프로그램 진행 시 유의사항

프로그램 진행자는 프로그램을 실시하는 과정에서 다음 사항에 유의해야 한다.

• 첫째, 프로그램을 시작하기 전에 진행자는 용서에 대해 명확하게 이해해야 한다. 용서에 대한 오해 때문에 용서에 대한 거부반응을 보이는 참여자가 있을 수 있으므로 진행자는 제2장의 내용을 반복하여 읽어 보면서 용서의 개념을 명확하게

이해할 필요가 있다.

• 둘째, 진행자는 참여자들에게 반드시 용서를 해야 한다는 압력을 가하지 않도록 한다. 용서는 선택의 문제이므로 참여자들은 자발적으로 용서를 시도하거나 거부할 수 있는 자유를 지닌다. 용서에 대한 참여자의 태도나 반응을 존중하면서 있는 그대로 수용해야 한다.

• 셋째, 진행자는 참여자의 변화에 항상 대비하고, 참여자가 자신의 상처를 충분히 들여다보도록 도와주어야 한다. 참여자가 상처를 직면하기까지 시간이 필요하며, 일시적으로 분노와 불안 등 부정적인 감정이 증가할 수도 있다.

• 넷째, 프로그램 진행 중에 참여자가 다양한 용서 전략을 실행해 보는 데는 어느 정도 시간이 필요하므로 가급적 1주에 1회기씩 분산하여 운영하는 것이 좋다. 그러나 필요에 따라서는 단기간에 집중해서 운영할 수도 있다.

• 다섯째, 참여자의 특성을 고려하여 프로그램 진행 방식이나 활동 내용을 융통성 있게 변형하여 운영할 수 있다.

제7장

프로그램 계획안*

용서는 다른 사람이 아니라 나 자신에게 주는 선물이다.
용서는 포기나 망각이 아니라 변화를 위한 적극적인 의지다.
원망과 복수심을 버리기 위해서는 그만큼 내면의 성숙이 필요하고,
내면의 성숙은 거저 얻어지는 것이 아니다.
-고든 리빙스턴-

---

* 이 장은 프로그램지도서와 활동지로 구성되어 있다. 활동지의 예시는 제8장의 사례 1을 중심으로 부
모와 자녀 간 갈등을 다루고 있다.

1회기 ▶ 마음 열고 나누기

목표	✔ 프로그램을 실시하는 목적을 이해하고 참여 동기를 갖는다. ✔ 자신의 장점을 인식하고 소개하며 친밀감을 형성한다.		
준비물	명찰, 종이, 필기도구, 사인펜(색연필)		
단계	**활동 내용**	**시간 (분)**	**유의점 · 준비물**
도입	➤인사 나누고 진행자 소개하기 ➤프로그램의 목적과 내용 소개하기 • 사람들이 경험하게 되는 대인관계 상처와 갈등으로 말미암아 발생하는 부정적인 반응을 극복하고 긍정적인 반응으로 나아가는 방법을 익혀 적용함으로써 정서적 안녕감과 행복감을 경험하는 삶을 살도록 돕는다.	10	
전개	➤〈활동 1〉 프로그램 참여 규칙 정하기 • 지각하지 않기, 결석 시 미리 연락하기 • 진성존경비: 진(진솔한 표현), 성(성실하게 끝까지 참여), 존(타인 의견 존중), 경(경청 및 이해), 비(비밀 유지) • 기타: 더 지켜야 할 부분이 있다면 활동지 빈칸을 이용해 적고 나눈다.	10	• [활동지 1-1: 참여 규칙 정하기] • 함께 공감하여 모두 규칙을 지키려는 동기를 유발한다.
	➤〈활동 2〉 장점 관련 별칭 짓고 자기소개하기 • 풍경화 속 사람 얼굴을 찾고 나눈다. • 자신의 장점을 찾고 장점과 관련된 별칭을 지은 후, 준비된 이름표에 별칭을 적고 꾸민다. • 돌아가며 별칭과 자기소개를 한다.	30	• [활동지 1-2: 장점 찾기] • 별칭은 언제든지 바꿀 수 있음을 안내한다.
	➤프로그램 참여 이유와 기대 · 목표 나누기 • 프로그램에 참여하게 된 이유와 기대 · 목표에 대해 이야기한다.	30	• [활동지 1-1: 참여 규칙 정하기]를 활용하되 프로그램

	• '시작'이 망설여졌지만 시작해 보았던 경험이 있으면 나눈다. 　– '시작'은 왜 중요한가요? 　– '시작'과 '변화'는 어떤 관계가 있나요? 　– '변화'를 향해 나아갈 때 어떤 장애물이 생길 수 있을까요? 그 장애물은 어떻게 극복하면 좋을까요? 삶은 사람의 용기에 비례하여 넓어지거나 줄어든다. 　　　　　　　　　　　　　　　　　–아나이스 닌		에 참여하면서 느끼는 주저함, 긴장, 두려움 등을 서로 공유하면서 편하게 나누고 격려할 수 있도록 한다.
정리	▶ 활동 소감 나누기 • 참여일지를 작성한다. • 이번 시간에 새롭게 경험하거나 느낀 점, 도움이 된 점 등을 나눈다. ▶ 다음 시간 안내하기 • 다음 상징물을 준비해 오도록 안내한다. 　– 자기 자신의 장점을 잘 나타내는 물건이나 이미지 　– 자신의 삶을 돌아보며 과거나 현재에 도움이 되었던 인간관계를 나타내는 물건이나 이미지	10	• 참여일지

참여 규칙 정하기

별칭:

🌑 참여 과정에서 함께 지켜야 할 약속을 정하고, 참여 이유와 기대(목표)에 대하여 이야기 나누어 보세요.

함께 지켜야 할 약속

진: 진솔하게 표현하기

성: 성실하게 끝까지 참여하기

존: 타인의 의견 존중하기

경: 경청하고 이해하기

비: 비밀 지키기

기타: 다른 사람의 말을 끊지 않기

참여 이유와 기대(목표)

엄마로부터 받은 마음의 상처가 치유되고 내 마음이 편안해졌으면 좋겠다.

1-2　장점 찾기

별칭:

😊 다음 풍경화 속에서 사람의 얼굴이 보이나요? 몇 명이나 보이나요?

참조: 이민규(2004), p. 170.

이 풍경화에는 모두 13명의 얼굴이 숨겨져 있습니다. 보려고 애쓸 때 보입니다. 그래서 이 그림의 제목은 '보려고 해야 보인다' 입니다. 마찬가지로 누군가의 장점도 찾으려고 노력해야 눈에 띕니다.

😊 여러분이 생각하는 자신의 장점은 무엇인가요? 자신의 장점을 가급적 많이(5~10가지) 찾아서 적어 보세요.

배려심이 많음, 대인관계를 소중히 여김, 인내심이 뛰어남, 다른 사람에게 피해를 주지 않으려고 노력함, 공부를 열심히 함

2회기 ▶ 나 자신과 인간관계 돌아보기

목표	✔ 자신을 잘 살펴 마음에 드는 나와 마음에 들지 않는 나를 파악한다. ✔ 자신의 인간관계를 돌아보며 도움이 되었던 사람과 힘들게 했던 사람을 찾아 본다.		
준비물	명찰, 포스트잇, 필기도구		

단계	활동 내용	시간 (분)	유의점·준비물
도입	▶긍정적 자화상 갖기 • 준비해 온 물건이나 이미지를 소개하며 자신의 장점(강점, 괜찮은 점, 칭찬하거나 인정해 주고 싶은 점)에 대해 나눈다.	15	• 부담 없이 자연스럽게 이야기하도록 유도한다.
전개	▶〈활동1〉 나 자신을 이해하기 • '마음에 드는 나'와 '마음에 들지 않는 나'에 대해서 포스트잇에 적고 이야기 나눈 후, 칠판 앞에 붙여 키워드별로 구분해 본다. – 참여자들이 공통적으로 마음에 들어 하는 부분이 있나요? 있다면 어떤 점인가요? – 참여자들이 공통적으로 마음에 들어 하지 않는 부분이 있나요? 있다면 어떤 점인가요? – 내가 마음에 들지 않는 부분을 다른 사람은 마음에 들어 하거나, 반대로 나는 마음에 드는데 상대방은 마음에 들어 하지 않는 부분이 있나요? 있다면 어떤 점인가요? – 나누면서 느낀 점은 무엇인가요? 진행 예시 　사람은 누구나 장점과 단점이 있습니다. 때로 내가 단점이라고 생각했던 부분을 누군가는 자랑스러워하거나 잘 이겨내며 살고 있고, 때로는 나는 단점이라고 생각하지 않았던 것을 누군가는 힘들어하고 있을 수도 있습니다. 이처럼 장점과 단점은 자신이 그것을 어떻게 받아들이느냐에 따라 크게 달라질 수 있습니다.	30	• 포스트잇

	진정 행복한 삶은 자신의 단점에 연연해하지 않으며 단점이라고 생각하는 것을 인정하여 받아들이고, 장점을 개발하여 조금씩 나은 삶을 살아가는 것이 아닐까요?		
	➤〈활동2〉 나의 인간관계 돌아보기 • '관계'를 주제로 마인드맵을 작성한다. • '관계'의 의미에 대해 생각해 본다. • 준비해 온 물건이나 이미지를 소개하고 과거나 현재 나에게 도움이 되었던 사람과 힘들게 했던 사람에 대해 이야기한다. 　– '좋은 관계'를 위해 필요한 것은 무엇일까요? 　– '관계의 위기'를 극복하는 좋은 방법에는 무엇이 있을까요?	30	• [활동지 2-1: 인간관계 마인드맵] • [활동지 2-2: 관계 돌아보기] • 모둠을 나누어 모든 집단원이 충분히 이야기를 나눌 수 있도록 시간을 안배한다. 시간이 부족할 경우 둘씩 짝을 지어 나누게 할 수 있다.
정리	➤관계 돌아보기를 통해서 깨닫게 된 점 나누기 • 서로의 이야기를 듣고 깨닫거나 새롭게 배운 점을 나눈다. 〔진행 예시〕 　앞서 얘기했던 것처럼 누구나 장단점이 있기 때문에 고의적이든 무의식적이든 누군가에게 상처를 주거나 마음을 아프게 할 수 있습니다. 그건 내 자신도 마찬가지일 것입니다. 상처 없는 인간의 삶이 과연 존재할 수 있을까요? 중요한 것은 그 상처를 어떻게 다루어 나가느냐일 것입니다.	10	
	➤활동 소감 나누기 • 참여일지를 작성한다. • 이번 시간에 새롭게 경험하거나 느낀 점, 도움이 된 점 등을 나눈다.	5	• 참여일지
	➤다음 시간 안내하기 • 상처 체크리스트를 작성해 오도록 안내한다.		• [활동지 3-1: 상처 체크리스트]를 과제로 제시

2-1 인간관계 마인드맵   별칭:

😄 인간관계에 대해 떠오르는 대로 자유롭게 적어 보세요.

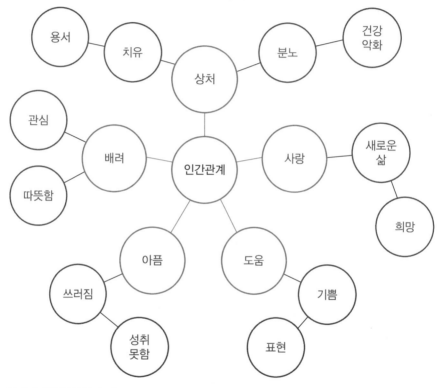

1. 인간관계란 무엇일까요?

   사람들과 어울려 살아가면서 형성되는 관계

2. 인간관계는 왜 중요할까요?

   인간관계를 통해 사랑과 관심을 받기도 하고 상처를 받기도 하면서 인생에 많은 영향을 끼치

   기 때문에

2-2　관계 돌아보기

별칭:

💭 과거나 현재의 관계 중에서 나에게 도움이 되었던 사람에 대해 생각해 보세요.

　1. 누구와 어떤 일이 있었나요?

　　초등학교 5학년 때 선생님께서 공부도 잘하고 성실하며 일처리도 책임감 있게 잘 한다고 칭
　　찬을 많이 해 주셨다.

　2. 어떤 점이 도움이 되었나요?

　　선생님의 칭찬을 통해 자존감이 높아진 것 같았고, 더 열심히 살아야겠다는 생각을 하게 되
　　었다.

💭 과거나 현재의 관계 중에서 나를 힘들게 했던 사람에 대해 생각해 보세요.

　1.누구와 어떤 일이 있었나요?

　　엄마 때문에 상처를 받았다. 엄마가 오빠는 좋은 중학교에 가야 한다며 비싼 돈을 들여 과외
　　를 시키기도 하고 많은 관심과 신경을 쏟았지만, 공부를 더 잘하는 나에게는 관심을 기울이
　　지 않았고 오히려 아무 중학교나 가도 된다는 식으로 함부로 대하는 것처럼 느껴졌다.

　2. 어떤 점이 힘들었나요?

　　나도 공부하고 싶고 좋은 중학교에 가고 싶은데 엄마는 오빠에게만 물심양면으로 관심을 기
　　울이고 나에게는 신경을 쓰지 않아 매우 서운했다.

3회기 ▶ 상처 마주하기

목표	✔ 자신의 삶 속에서 역기능을 일으키는 미해결된 상처와 대상을 회상하고 상처를 직면한다. ✔ 자신의 내면에 남아 있는 상처로 인한 분노와 부정적 감정들을 자각하고 자유롭게 표현한다.
준비물	명찰, 필기도구, 자기자비 명상 카드, 화병 동영상

단계	활동 내용	시간 (분)	유의점 · 준비물
도입	▶ 과제 점검 ▶ 한 주간 어떻게 보냈는지, 지난 회기 이후 느낌 나누기 ▶ 활동 목표 안내하기 진행 예시 이번 시간에는 자신에게 고통을 주었던 대상과 상처를 회상하고 직면하며 상처로 인한 분노와 부정적 감정을 자유롭게 표현해 보도록 하겠습니다. 미해결된 상처는 오래된 감정으로 남아 삶 속에서 역기능을 일으키는 주요한 심리적 요인이 됩니다. 마음속에 묻어 두었던 상처와 감정을 자각하고 표현하는 활동은 자신의 삶을 건강하고 적응적으로 살아갈 수 있도록 돕습니다.	10	• 상담자는 집단 구성원이 모두 상담 과정에 참여하도록 격려한다.
전개	▶ 〈활동 1〉 상처를 준 대상 직면하기 • 자신에게 부당함과 고통을 주었던 대상과 상처를 떠올려 본다. ① 상처를 준 대상이 누구인지 이야기해 본다. ② 상처를 준 대상을 떠올리면서 [활동지 3-2: 지금 나의 마음은?]을 작성해 본다. ③ 상대방으로 인해 어떤 상처를 받았는지 최대한 솔직하게 이야기해 본다. (언제, 어떻게, 어떤 방식으로 등) ④ 상처로 인해 자신이 느꼈던 감정들에 대해 이야기해 본다.	30	• 과제로 작성해 온 [활동지 3-1: 상처 체크리스트] • [활동지 3-2: 지금 나의 마음은?]

	▶〈활동 2〉부정적 감정을 자유롭게 표현하기		• 목각인형 활용 (참
	• 상처를 준 대상에게 표현하지 못했던 분노를 표현해		고자료 참조): 여
	본다.		러 개의 목각인형
	① 상처로 인해 자신이 느꼈던 분노나 슬픔 등 부정적		중 참여자가 선택
	감정을 자유롭게 표현해 본다.		한 것에 상처를 준
	② 지금 여기서 그 대상에게 하고 싶은 말과 듣고 싶은		대상을 투사해 참
	말이 있다면 무엇인지 자유롭게 이야기해 본다. 다		여자가 그 대상에
	시 그 상황으로 돌아간다면 무슨 말을 하고 싶은지		게 하고 싶은 말과
	나눈다.		듣고 싶은 말을 하
	– 그에게 하고 싶은 말은 _____이다.		도록 한다.상담자
	– 그에게 듣고 싶은 말은 _____이다.		가 시범을 보여도
	③ 지금 어떤 느낌인지 이야기 나누며 서로 격려한다.		좋다.
	▶〈활동 3〉상처의 부정적 영향 성찰하기	20	• '화병' 동영상: 부
	• 분노가 우리에게 미치는 부정적 영향에 대해 알아본다.		정적인 감정을 계
	– '화병'에 관한 동영상 시청하기		속 마음에 담아 두
	– 시청 소감 나누기		었을 때 몸과 마음
			에서 역기능을 하
			기 때문에 그것을
			안전하게 표현하
			고 관리하는 노력
			이 필요하다는 것
			을 자각하도록 돕
			는다.
정리	▶자기자비 명상 후 명상 카드 나누어 주기	15	• 명상 카드
	진행 예시		
	명상 자세(허리와 상체를 똑바로 세우고 편안히 눈을		
	감음)를 한 채 코로 숨을 들이마시고~ 입으로 천천히		
	'후~' 하고 숨을 내쉽니다.		
	다음은 그냥 입으로 한숨을 내뱉듯이 숨을 내쉬는 것		
	을 4회 반복합니다. (호흡할 시간을 준다.) 그리고 나		
	자신에게 다음과 같이 나직하게 말합니다.		
	■나는 나를 사랑합니다~		
	■나는 내 자신, 그 자체가 너무나 좋습니다~		

■ 나는 건강하기를 소망합니다~ ■ 나는 행복하기를 소망합니다~ ■ 나는 내가 상처에서 벗어나게 되기를 소망합니다~		
➤ 활동 소감 나누기 • 참여일지를 작성한다. • 이번 시간에 새롭게 경험하거나 느낀 점, 도움이 된 점 등을 나눈다. ➤ 다음 시간 안내하기 진행 예시 　이번 시간에는 자신에게 쌓아 두었던 해결되지 않은 분노를 감소시키는 활동으로 상처와 대상을 떠올리며 그동안 억압해 온 분노를 직면하고 표현해 보았습니다. 이어서 다음 시간에는 상처가 치유되지 않았을 때, 분노가 나의 삶에 미치는 부정적 영향과 상처에 대한 반응에 대해 살펴보도록 하겠습니다.	15	• 참여일지

3-1 상처 체크리스트

별칭:

우리는 살면서 누군가에게 상처를 받아 힘들고 아플 때가 있습니다. **어떤 사람이 나를 너무나 부당하게, 그리고 상당히 힘들고 아프게 했던 최근의 경험을 한 가지만** 생각해 보세요. 어렵겠지만 언제, 어떤 일이 일어났는지, 그 일이 나에게 어떤 영향을 미치고 있는지를 자세히 떠올려 보세요. 그 후에 아래의 질문에 대답하세요.

1. 언제 그 일이 발생했나요?

　　　　　 일 전　　　　 주 전　　　　 달 전　　__10__ 년 전

2. 그 일로 인해 당신은 얼마나 상처를 받았나요? 5

1	2	3	4	5
상처받지 않음	약간 상처받음	상처 받음	많이 상처 받음	매우 많이 상처 받음

　① 2번 질문에 대해서 3점 이상인 경우에만 다음 질문으로 넘어가세요.
　② 3점 이하인 경우에는 심하게 상처받았던 경험을 다시 한 번 잘 생각해 보고, 1번 질문부터 다시 시작하세요.

3. 누구와 어떤 일이 있었나요? 최대한 구체적으로 적어 보세요.

　상처를 준 대상은 엄마다. 엄마는 어릴 적부터 나를 오빠와 차별하였는데 옷을 사도 오빠 옷만 사고 비싼 과외도 오빠만 시켰다. 특히 중학교 진학에서 엄마는 오빠만 신경 쓰고 나의 중학교 진학에는 전혀 신경도 쓰지 않았는데, 이 일이 나에게는 가장 큰 상처가 되었다. 내가 오빠보다 성적이 좋아도 칭찬하지 않았고 인정을 받고 싶은 나의 마음도 알아주지 않았으며 언제나 무관심했다.

4. 그 일이 당신에게 어떤 상처를 주었나요? 그 상처가 당신에게 미치는 영향은 무엇인가요? 최대한 구체적으로 적어 보세요.

　엄마의 사랑을 받지 못했다는 마음이 커서 섭섭하고 슬프면서도 화가 나기도 했었고, 상처받는 일이 반복되다보니 엄마와는 말로 표현할 수 없는 불편함이 생겼다. 엄마와 대화하다가도 오빠와 차별당했던 기억이 자꾸 떠올라 화가 치밀어 올랐다.
　엄마의 차별과 무관심이라는 상처가 나의 마음을 답답하고 우울하게 하는 것 같다. 또 가끔씩 분노를 일으키고 공격적이게 하며 오빠까지도 미워하게 만든다.

지금 나의 마음은?

별칭:

🌑 다음 문항은 **당신이 받은 상처와 상처를 준 사람에 대해서 지금 어떻게 생각하고, 느끼고, 행동하는지**에 대한 것입니다. 각 문항에서 자신을 가장 잘 나타내 주는 곳에 ㅇ 표 하세요. 모든 문항에 솔직하게 답해 주시기 바랍니다.

내 용	매우 그렇지 않다	대체로 그렇지 않다	그저 그렇다	대체로 그렇다	매우 그렇다
1. 그 사람에 대한 미움이 남아 있다.				○	
2. 그 사람을 봐도 마음이 편안하다.	○				
3. 그 사람을 보면 화가 난다.					○
4. 그 사람을 봐도 아무렇지 않다.	○				
5. 그 상처를 잊기 어렵다.					○
6. 그 일로 인해 사람을 경계하게 되었다.				○	
7. 그 사람과 웃으며 이야기할 수 있다.	○				
8. 그 사람을 형식적으로 대한다.			○		
9. 그 사람에게 잘해 주려고 노력한다.	○				
10. 그 사람에게 편하게 연락한다.		○			

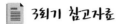
3회기 참고자료

목각인형 활용하기

목각인형 기법의 특징

목각인형 기법은 상처를 준 대상을 '지금-여기'서 목각인형에 투사하여 그 대상에게 하고 싶었던 말과 듣고 싶었던 말을 번갈아 가며 내담자가 직접 말해 볼 수 있도록 안내하는 방법이다. 이 기법의 특징은 상처를 준 대상이 마치 이 자리에 있는 것처럼 가정하고, 억압되어 있던 감정과 욕구를 자유롭게 표현하게 함으로써 상처를 준 대상에게 느꼈던 안 좋은 감정을 안정적인 상황에서 표현하는 법을 배울 수 있고, 부정적 감정의 이완과 자존감 향상에 기여한다는 점이다. 이때 상담자가 상처를 준 대상의 역할을 재연해 주면 훨씬 효과적이다.

활용 방법

① 먼저 상담자는 내담자에게 여러 개의 목각인형 중에 상처를 준 대상이라고 여겨지는 인형을 지목하여 내담자의 앞에 두게 한다.

② 상담자는 내담자가 상처를 준 대상이 '지금-여기'와 있다고 가정하고, 목각인형에 집중하여 천천히 하고 싶은 말을 할 수 있도록 다음과 같이 안내한다.

> "자 지금부터 이 인형이 상처를 준 대상이라고 가정하고, 하고 싶은 말을 해 보겠습니다. 어떤 말이 하고 싶으세요? 자유롭게 표현해 보세요."

내담자가 제대로 시연하기 어려워하면 재촉하지 말고 천천히 말할 수 있도록 안내한다. 상담자가 시범을 보여 주면 더 좋다.

③ 다음은 그 대상에게 듣고 싶은 말이 있는지 물어보고, 듣고 싶은 말을 스스로 해 보게 지시한다. 이때 상담자는 내담자가 그 대상에게 느끼는 억압된 감정과 욕구를 표현할 수 있도록 격려하고, 상황에 따라 상대 역할을 재연해 줌으로써 내담자의 감정 표현을 촉진한다.

④ 마무리할 때는 내담자에게 더 하고 싶은 말이 있는지 물어보고, 상담자가 피드백을 통해 공감해 주어 내담자가 스스로 느낀 점을 이야기할 수 있도록 기회를 준다.

4회기 ▶ 상처의 영향 자각하기

목표	✔ 미해결된 상처로 인해 나타나는 자신의 반응과 상처의 부정적 영향에 대해 자각한다. ✔ 갈등상황에서 자신이 주로 사용했던 대처방식을 스스로 평가하고 자신에게 유용한 새로운 대안 및 변화의 필요성을 인식한다.
준비물	명찰, 필기도구

단계	활동 내용	시간 (분)	유의점 · 준비물
도입	▶ 한 주간 어떻게 보냈는지 지난 회기 이후 느낌 나누기 ▶ 활동 계획 안내하기 　　　　　　　　　　　　　　　　　　　진행 예시 　　이번 시간에는 상처로 인해 나타나는 반응과 상처의 부정적 영향에 대해 자각하고, 문제해결을 위해 사용했던 자신의 대처방식에 대해 평가해 보며 새로운 대안과 변화의 필요성에 대해 인식해 보기로 하겠습니다.	5	• 상담자는 지난 회기를 요약해 주고 구성원이 적극적으로 참여하도록 격려한다.
전개	▶ 〈활동1〉 상처의 부정적 영향 자각하기 • 자신이 받았던 상처와 상처에 대한 반응을 자각한다. ① 자신이 받은 상처와 상처받은 이후 나타난 반응은 무엇인지 이야기해 본다. ② 상처가 자신의 삶에 어떠한 영향을 미쳤는지 정리해 본다. (신체적 · 심리적 · 관계적인 측면에서 생각해 보기) ③ 활동을 마무리하며 느낌이 어떤지 이야기해 본다.	30	• [활동지 4-1: 상처의 영향 자각하기] • 상담자는 상처와 상처에 대한 반응, 상처의 부정적 영향을 자각 하는 과정에서 나타나는 참여자의 표정과 마음의 변화를 감지하여 피드백해 준다.

	▶〈활동2〉 대처방식 점검하기 • 갈등에 처하거나 분노를 느낄 때 자신이 사용하는 대처방식이 바람직한지 점검한다. ① 자신이 주로 사용한 대처방식이 상처를 치유하고 편안한 마음을 갖는 데 도움이 되었는지 스스로 평가해 본다.(5점 척도) 　1점: 전혀 도움이 되지 않았다　　2점: 조금 도움이 되었다 　3점: 보통이다　　　　　　　　4점: 도움이 되었다 　5점: 매우 도움이 되었다 ② 5점 척도를 체크하면서 어떤 생각과 느낌이 드는지 이야기해 본다. 자신이 사용해 온 대처방식이 자신이 원하는 것을 얻는 데 효과적이었는지 생각해 본다. ③ 자신이 자주 사용했던 대처방식 외에 유용한 새로운 대안 및 변화된 방식이 필요하다고 생각되는지 고민해 본다.	40	• [활동지 4-2: 대처방식 점검하기] • 상담자는 참여자가 상처를 받았던 상황이나 갈등상황에서 자신이 대처했던 행동방식들을 객관적으로 바라볼 수 있도록 돕는다.
정리	▶활동 소감 나누기 • 참여일지를 작성한다. • 이번 시간에 새롭게 경험하거나 느낀 점, 도움이 된 점 등을 나눈다. ▶다음 시간 안내하기 　　　　　　　　　　　　　　　진행 예시 　　이번 시간에는 상처에 대한 자신의 반응과 상처의 부정적 영향, 갈등상황에서 주로 사용한 대처방식에 대해 살펴보았습니다. 아울러 자신에게 유용하고 건강한 새로운 대안의 필요성에 대해서도 인식하는 시간을 가졌습니다. 다음 시간에는 '새로운 눈으로 바라보기'를 통해 상처와 상대방에 대한 이해를 깊이 해보는 시간을 갖도록 하겠습니다. 다음 회기 때는 [활동지 5-1: (　　)의 삶]을 작성해서 준비해 주세요.	15	• 참여일지 • [활동지 5-1:(　　) 의 삶] 과제를 할 때 가급적 상처 준 대상과 대화를 하면서 작성하도록 격려한다.

상처의 영향 자각하기   별칭:

🌑 다음에 열거된 상처와 상처에 대한 반응을 살펴보고 자신과 관련된 내용에 자유롭게 체크해 보세요.

상 처	상처에 대한 반응
⟨무시⟩, 비난, 조롱, 경멸, 학대, 폭력, 거부, ⟨미움⟩, 따돌림, ⟨차별⟩, 놀림, 폭언, 명령, 억지, 핑계, 무책임, 배신, 비교, 거짓말, 강요	• 정서: ⟨분노⟩, ⟨우울함⟩, 불안함, 슬픔, 억울함, 수치감, ⟨혼란감⟩, 산만함, 서글픔, ⟨두려움⟩ • 사고: 미칠 것 같음, 죽이고 싶음, 죽고 싶음, ⟨복수하고 싶음⟩, ⟨보고 싶지 않음⟩ • 행동: 두려워하기, 괴로워하기, 화내기, ⟨미워하기⟩, ⟨억압하기⟩, 화풀이하기, ⟨소리 지르기⟩
기타:	기타: 공격하기

1. 자신이 받은 주요 상처와 상처받은 이후 나타난 반응은 무엇인지 이야기해 보세요.
   내가 받은 상처는 무시, 차별, 미움이고 나의 반응은 분노, 우울, 불안, 혼란감, 두려움, 복수하고 싶은 생각, 보고 싶지 않은 생각, 화내기, 미워하기, 억압하기, 소리 지르기, 공격하기다.

2. 상처와 그에 대한 반응이 나의 삶에 어떠한 영향을 미쳤는지 구체적으로 생각해 보세요.
   – 신체적 측면: 가슴이 답답하고 가끔씩 머리가 아프다.
   – 심리적 · 정신적 측면: 마음이 혼란하고 우울하고 참아 왔던 분노를 표출시키는 행동을 해서 정신적으로 건강하지 않다고 생각한다.
   – 관계적 측면(가정/직장): 아빠와는 친한데 엄마와는 자주 싸우게 되고 냉소적이다. 오빠까지도 미워서 불편하고 사이가 좋지 않다.

3. 활동을 마무리하면서 어떤 느낌이 드는지 이야기해 보세요.
   이번 활동을 하면서 다시 한 번 내가 엄마에게 받은 상처를 떠올리게 되었고, 그때 일들이 기억나서 슬프기도 했다. 또한 상처로 인해 나타난 나의 반응들이 좋은 방식도 아니고 나 자신을 더 힘들고 괴롭게 하는 것 같다는 생각이 들었다.

4-2 대처방식 점검하기

별칭:

😀 갈등을 겪거나 분노를 느낄 때 여러분이 자주 사용하는 대처방식은 무엇인가요?

> **대처방식 예시**
> 도피하기, 욕하기, 남 탓하기, 반복해서 생각하기, 회피하기, 술 마시기, 공격하기,
> 집착하기, 무시하기, 따돌리기, 합리화하기, 불쌍히 여기기, 폭언하기, 요구하기,
> 회유하기, 의심하기, 잊어버리기, 자기비하하기, 억압하기, 기도하기, 운동하기,
> 산책하기, 호흡하기, 명상하기, 수다 떨기, 노래방 가기

1. 위의 예를 참고하여 자신이 자주 사용하는 대처방식을 떠올려 보고 얼마나 도움이 되었는지
   다음 체크리스트를 작성해 보세요.

내가 사용한 대처방식	전혀 효과가 없다	별로 효과가 없다	보통 이다	어느 정도 효과가 있다	매우 효과가 있다
단절하기	✔				
무시하기		✔			
공격하기	✔				
비난하기		✔			
억압하기	✔				

2. 체크리스트를 작성하면서 어떤 생각과 느낌이 들었는지 이야기해 보세요. 자신이 자주 사용하는 대처방식이 자신이 원하는 것을 얻는 데 효과적이라고 생각하나요?

내가 원하는 것은 엄마와 관계가 좋아지는 것인데 나의 대처방식들은 오히려 관계를 악화시켰고 내가 원하는 것을 얻는 데 도움이 되지 않았다.

3. 자신에게 새로운 대안이나 변화된 방식이 필요한지 필요하지 않은지, 그 이유는 무엇인지 생각해 보세요.

• 나에게 새로운 대처방식이 필요하다. (◎, ×)

• 그 이유는 무엇인가요?

내가 지금껏 사용한 대처방식들이 나의 마음을 편안하게 하지 못했고, 엄마와의 관계가 좋아지게 하지도 않았기 때문이다.

5회기 ▶ 새로운 눈으로 바라보기

목표	✔ 인지적 재구조화를 통해 상처 준 사람과 상처에 대해 맥락 속에서 새롭게 바라볼 수 있다. ✔ 인간은 불완전한 존재이기 때문에 비합리적으로 사고하여 잘못을 할 수도 있고, 상처를 줄 수도 있다는 것을 이해한다.
준비물	명찰, 필기도구

단계	활동 내용	시간(분)	유의점·준비물
도입	▶ 과제 점검 ▶ 착시그림 자료 보기 • 착시그림 자료를 보고 나서 관점에 따라 다르게 보이는 것에 대해 이야기한다. ① 와인잔과 두 개의 옆 얼굴 ② 귀부인과 마녀 ③ 'love'와 'hate' ④ 천사와 악마 ▶ 활동 목표 안내하기 **진행 예시** 이번 시간에는 내가 받은 상처와 인간이라는 존재에 대해 새로운 눈으로 바라보는 것을 연습해 봅시다. 상처에 대해서 새로운 눈으로 바라보는 것은 상처를 맥락 속에서 깊이 이해한다는 것입니다. 맥락은 사물 간의 관계를 말합니다. 따라서 맥락 속에서 이해한다는 것은 상처를 단편적으로 보는 것이 아니라, 나와 상대방의 입장을 고려하고, 과거와 현재와 미래라는 시간을 고려하고, 다양한 상황을 고려하여서 총체적으로 바라보는 것입니다. 인간에 대해서 새로운 눈으로 바라본다는 것은 인간은 불완전한 존재이기 때문에 비합리적인 사고를 할 수도 있고, 살아가면서 다른 사람에게 잘못하고 상처를 줄 수도 있는 존재라는 것을 이해하는 것입니다.	10	• 참고자료

| 전개 | ▶〈활동1〉 상처에 대해서 새로운 눈으로 바라보기
• 상처를 맥락 속에서 깊이 이해한다.
• 지난 시간에 과제로 내 준 [활동지 5-1: (   )의 삶]을 이용하여 상대방과 상처에 대해 이야기 나누기
  – 상대방은 어떤 환경에서 성장했나요?
  – 어떻게 해서 내게 상처를 주게 되었나요? 어떤 것들이 영향을 미쳤나요?
  – 이번에 상대방의 삶에 대해 조사하면서 상대방과 상처에 대해 새롭게 알게 된 사실은 무엇인가요?

• [활동지 5-2: 새로운 눈으로 바라보기]를 이용하여 자신의 생각을 정리해 본다. | 40 | • [활동지 5-1: (   )의 삶]

• [활동지 5-2: 새로운 눈으로 바라보기] |
| | ▶〈활동2〉 인간에 대해 새로운 눈으로 바라보기
• 내가 가지고 있는 비합리적 사고를 점검해 보고 합리적인 사고로 바꾸어 본다.
• 비합리적인 생각의 예를 든다.
  – 당위적 생각: 반드시 무엇무엇 해야 한다/해서는 안 된다.
    예 나는 반드시 성공해야 한다.
      반드시 좋은 대학을 나와야 한다.
  – 이분법적 생각: 사고가 두 가지로만 나누어져 있는 것
    예 결혼은 좋고 이혼은 나쁘다.
      서울은 살기 편하고 지방은 불편하다.
  – 극단적 생각: 일상생활에서 흔히 일어날 것 같지 않은 사고('언제나, 매일, 절대로, 항상'과 같은 단어를 동반한 사고)
    예 저 낡은 다리는 반드시 무너질 것이다.
      저 사람은 절대 믿을 수 없다. | 30 | • [활동지 5-3: 비합리적인 사고 바꾸기 |

	• 인간은 불완전한 존재이기 때문에 다른 사람에게 잘못을 하고 상처 줄 수도 있다는 것을 이해한다. • 내가 다른 사람에게 상처를 준 경우에 대해서 이야기를 나누어 본다. – 언제, 누구와 무슨 일이 있었나요? – 그 일은 나와 상대방에게 어떤 영향을 미쳤나요? – 이런 경험이 나에게 상처를 준 사람에 대한 생각과 태도에 어떤 영향을 미치고 있나요?		• [활동지 5-4: 내가 상처를 주었던 경험]
정리	▶ 활동 소감 나누기 • 참여일지를 작성한다. • 이번 시간에 새롭게 경험하거나 느낀 점, 도움이 된 점 등을 나눈다. ▶ 다음 시간 안내하기 **진행 예시** 이번 시간에는 새로운 눈으로 바라보기를 통해서 내가 받은 상처와 상대방에 대해서 보다 깊게 이해해 보았습니다. 다음 시간에는 더 나아가 나에게 상처 준 사람과 내가 받은 상처에 대해 새로운 마음으로 느껴 보는 시간을 갖도록 하겠습니다.	10	• 참여일지

📄 5회기 참고자료

참조: 현성용(2015).

5-1 (엄마)의 삶   별칭:

⚫ 당신에게 상처 준 사람의 이름을 (   ) 안에 쓰고, 다음을 중심으로 그 사람의 삶에 대해 최대한
자세하게 써 보세요.

1. 그 사람의 성장과정(삶의 과정)은 어떠했나요? 그 사람이 어린아이였을 때, 청소년이었을
   때, 성인이 되었을 때 어떠했나요? 구체적인 사건을 예로 들면서 써 보세요.

   엄마는 1남 5녀 중 셋째다. 엄마는 형제들이 많아서 부모님의 사랑을 충분히 받지 못하고 자
   랐다. 외할머니는 아들을 낳기를 원했는데 6번의 출산 끝에 겨우 막내로 아들을 낳았다. 아
   들을 낳기 전까지는 그 때문에 시어머니에게서 많은 구박을 받았다. 외동아들인 삼촌은 부모
   님의 사랑을 독차지하며 귀하게 자랐다. 반면 엄마와 이모들은 찬밥신세였다. 외할머니는 엄
   마와 이모들에게 항상 일을 시켰고 따뜻한 말이나 칭찬은 거의 해 준 적이 없었다. 외할아버
   지도 굉장히 가부장적인 분이라 아들과 딸을 차별하는 일이 많았다.

2. 당신에게 상처를 줄 당시, 그 사람의 삶은 어땠을까요? 구체적인 사건을 예로 들면서 써 보세요.

   내가 가장 상처를 받은 것은 중학교 진학과 관련된 것이었다. 엄마는 오빠를 좋은 중학교에
   보내기 위해 비싼 돈을 들여 과외를 시키기도 하는 등 많은 신경을 썼다. 그러나 나의 중학교
   진학에는 관심이 없었다. 내가 좋은 중학교에 가고 싶다고 말했지만, 엄마는 "너는 집 근처에
   있는 중학교에 가도 돼"라고 무심히 말했다. 오빠보다 성적도 훨씬 좋고, 선생님들의 인정도
   받고 있던 나에게 엄마의 그런 태도는 큰 상처가 되었다.

   나는 엄마와 대화를 하면서 그 상처에 대해서 이야기를 나누었다. 엄마는 그때 집안 사정이
   어려웠고, 오빠에게 돈이 워낙 많이 들어가서 나를 교육시키기 위한 여력이 없었다고 한다.
   집안의 어려운 경제 사정을 어린 나에게 이야기하는 것이 힘들어서 최대한 중학교 이야기를
   피했다고 말했다.

3. 상대방의 장점을 세 가지만 써 보세요.

   가족들을 잘 챙겨 준다,   노래를 잘 한다,   책을 좋아한다

4. 상대방의 단점을 세 가지만 써 보세요.

   아빠와 오빠만 챙긴다,   짜증을 잘 낸다,   잔소리가 많다

새로운 눈으로 바라보기   별칭:

💬 내게 상처를 준 사람에 대해서 새롭게 알게 된 것이 있나요?

엄마의 성장배경을 들으면서 이전에는 몰랐던 엄마의 모습을 알게 되었다. 나는 친한 친구가 엄마와 재미있게 대화하는 것을 보고 나와 엄마의 관계는 참 냉담하고 애정이 없다는 생각을 했었다. 그런데 엄마의 성장배경을 알고 나서부터는 무조건 엄마의 잘못으로만 탓할 수 없다는 것을 깨달았다. 엄마도 나름대로 잘 해보려고 노력했지만 부모님으로부터 사랑을 받아본 경험이 없기 때문에 어떻게 자식에게 사랑을 주어야 하는지 잘 몰라서 그랬던 것 같다.

💬 어떻게 해서 그 사람은 내게 상처를 주게 되었나요? 어떤 것들이 내게 상처를 주는 데 영향을 미쳤나요?

엄마의 가장 큰 문제점은 뿌리 깊게 자리 잡힌 남아선호사상이다. 엄마가 그런 편견을 가지게 된 것은 어린 시절 자라 온 환경 때문이었다. 어렸을 때 워낙 남녀차별이 심한 집안에서 자라다 보니 그 영향을 크게 받게 된 것이다. 그리고 엄마가 어릴 적인 6, 70년대는 대부분의 가정에서 남아선호사상을 가지고 있었다. 그래서 엄마는 자신의 태도가 부당하다는 것을 알지 못한 채 나에게 자신이 보고 배운 교육관을 적용시킨 것이었다. 나는 엄마라면 모든 자식을 항상 똑같이 사랑해야 한다고 생각했다. 그런데 엄마가 오빠만을 위하고 나를 차별대우하자 무척 화가 나고 상처를 많이 받았다.

5-3 비합리적인 사고 바꾸기   별칭:

🌑 다음에 제시된 비합리적인 생각을 합리적인 생각으로 바꾸어 보세요.

1. 내가 바라는 대로 되지 않으면 불행하다.

    → 세상 일은 내가 바라는 대로 되지만은 않는다. 따라서 내가 원하는 대로 되지 않는다고 내가 불행한 것은 아니다.

2. 평생 사랑할 것처럼 굴어놓고 변심을 하다니, 어떻게 그럴 수 있어? 있을 수 없는 일이야!

    → 사랑은 사정에 따라 변할 수도 있다. 오히려 한 사람을 영원히 사랑하는 일이 드문 일이다.

3. 사람은 절대로 남에게 상처를 주면 안 돼!

    → 살아가다 보면 누구나 다른 사람에게 상처를 줄 수도 있다. 인간관계에서 갈등과 상처는 피할 수 없는 일이다.

🌑 나의 비합리적 사고를 찾아보고, 합리적 사고로 바꾸어 보세요.

1. 엄마들은 모든 자식을 똑같이 사랑해야 한다.

    → 엄마들도 사람이고 불완전한 존재라서 때로는 어떤 자식을 다른 자식보다 더 생각할 수도 있다.

2. 엄마가 나를 차별하는 것은 나를 사랑하지 않는 것이다.

    → 때로는 엄마가 오빠를 더 위할 수도 있지만, 그렇다고 엄마가 나를 사랑하지 않는 것은 아니다.

3. 엄마는 절대로 자식들에게 화를 내서는 안 된다.

    → 엄마도 사람이니까 자식들에게 화를 낼 수도 있다.

내가 상처를 주었던 경험   별칭:

😊 살아가면서 우리는 다른 사람에게 잘못하고 상처를 줄 때가 있습니다. 내가 누군가에게 잘못하고 상처를 주었던 경험에 대해서 생각해 보세요.

1. 언제, 누구와 무슨 일이 있었나요?

   얼마 전에 엄마에게 오빠와 차별한다고 하면서 대들고, 심지어 욕까지 했던 적이 있다.

2. 그 일은 나와 상대방에게 어떤 영향을 미쳤나요?

   엄마가 너무 충격을 받아서 오랫동안 나와 말을 안했고, 집안 분위기도 무거워졌다.

   나는 집에 있는 것이 너무 불편해서 거의 매일 엄마가 잠들기를 기다렸다가 집에 늦게 들어

   갔다.

3. 이런 경험이 나에게 상처를 준 사람에 대한 생각과 태도에 어떤 영향을 미치고 있나요?

   어느 날 집에 들어가 보니 책상 위에 엄마의 메모가 있었다. 그 메모에는 "네가 너무 늦게 들

   어오니까 걱정이 많이 되네. 좀 일찍 집에 들어와 줬으면 좋겠어."라고 적혀 있었다. 그것을

   보니 눈물이 핑 돌면서, 나를 걱정해 주는 엄마가 너무 고마웠고, 엄마에게 잘못했다는 생각

   이 더 많이 들었다.

6회기 ▶ 새로운 마음으로 느껴 보기

목표	✔ 나에게 상처를 주었던 상대방에 대한 나의 감정을 점검해 본다. ✔ 상대방의 입장이 되어 공감하기, 동정심 느끼기를 통해 용서를 촉진한다.
준비물	명찰, 필기도구, 명상 음악, 스피커, 빔 프로젝터, 의자

단계	활동 내용	시간 (분)	유의점 · 준비물
도입	▶생각한 대로 감정이 바뀌는 경험 시연 • 율동과 함께 신 나는 노래를 부른다. • '생각도 감정도 내가 창조할 수 있다' ppt 자료를 보며 생각과 감정도 내가 선택할 수 있음을 경험한 후 공유한다. ▶활동 목표 안내하기 진행 예시 　이번 시간에는 나에게 상처를 주었던 상대방에 대한 나의 감정을 점검하고, 상대방의 입장이 되어 새로운 마음으로 느껴 보는 시간을 갖겠습니다.	10	• 음악 (사랑을 주제로 한 신나는 노래와 슬픈 노래 중 선택) • 빔 프로젝터 • ppt 참고자료
전개	▶〈활동1〉 공감하기 진행 예시 　공감이란 상대방의 감정이나 심리상태, 그리고 내적인 경험을 '마치 나의 것처럼' 이해하고, 매 순간 함께 느끼며 이를 표현해 주는 것을 말합니다. 즉, 자신의 관점에서 벗어나 상대방의 관점이나 태도를 취해 보는 것, 다른 사람의 감정이나 느낌에 대해 반응을 보이는 과정이 모두 공감에 해당합니다. • 현재 느끼고 있는 어려움이나 과거에 힘들었을 때 다른 사람으로부터 공감이나 지지가 필요했던 상황을 각자 쪽지에 써서 한곳에 모은다.	15	• [활동지 6-1: 공감하기]

전개	• 쪽지를 무작위로 뽑아 읽고, 함께 공감적으로 반응해 본다. ▶〈활동2〉 상대방에 대한 나의 감정 점검 • 상대방에 대한 나의 감정을 점검해 본다. 　－ 그 사람이 나에게 상처를 주었을 때 어떤 감정을 느꼈 나요? 　－ 지금 이 순간 나에게 상처를 준 상대방에 대해 어떤 감정이 느껴지나요? 　－ 이 프로그램에 참석하여 상대방에 대한 이야기를 시 작한 이후 그 사람에 대한 나의 감정에 어떠한 변화 가 있었나요?	15	• [활동지 6-2: 상 대방에 대한 나의 감정 점검]
	▶〈활동3〉 상대방의 입장이 되어 느껴 보기 [빈 의자 기법 실시] 　　　　　　　　　　　　　　　　　진행 예시 　　빈 의자 기법(empty chair)은 빈 의자를 이용해서 여러 분의 상상력을 자극하거나, 역할극(role playing)을 시도 하는 것입니다. 여러분은 빈 의자를 앞에 두고 상상의 인 물, 즉 나에게 상처 준 사람과 대화를 합니다. 또한 여러분 이 상대방이 되어 의자에 앉아서 대답을 하는 것입니다. 　　우리는 이런저런 상상을 많이 합니다. 저는 이제부터 여러분을 상상의 세계로 안내할까 합니다. 여기 빈 의자 가 하나 있습니다. 누군가가 앉아 있습니다. 누구일까 요? 여러분에게 상처를 준 사람이 앉아 있다고 상상해 볼 까요? (잠시 침묵) 어떻게 앉아 있나요? 표정은 어떤가 요? 시선은 어디를 보고 있죠? 뭐라고 첫마디를 건네겠 습니까? 그러면 뭐라고 대답하나요? (잠시 침묵) 눈을 감 아도 좋습니다. 자, 이제 그 사람에게 정말로 하고 싶었 던 이야기를 해 보세요. • 빈 의자 기법 실시 후 자신의 마음을 점검해 본다. 　－ 지금 심정은 어떤가요? 어떤 느낌이 드나요? 　－ 지금 무슨 생각이 드나요?	45 (30)	• 참고자료 • 의자

[상대방이 되어 느껴 보기] 진행 예시	(8)	

[상대방이 되어 느껴 보기]

진행 예시

　편안하게 앉아 눈을 감고 마음을 평온하게 하고, 호흡을 가다듬으시기 바랍니다.
　나에게 피해나 상처를 주었던 사람이 되었다고 상상해 보세요. 상대방의 입장이 어떨지 상상해 보고 질문에 답해 보세요.

• 상대방의 입장이 어떨지 상상해 보고 질문에 답해 본다.
　– 상처를 준 사람으로서 지금 어떤 심정인가요? 어떤 느낌이 드나요?
　– 지금 무슨 생각이 드나요?
　– 여러분의 마음속에서 어떤 변화가 느껴지나요? 예를 들면, 상대방에 대한 나쁜 감정이 조금씩 줄어들거나 상대방에게 편안하고 따뜻한 감정이 생기는 것이 느껴지나요?

[따뜻한 마음 품기(자비 명상)]　(7)　• 은은한 조명　• 명상 음악

진행 예시

　명상 자세(허리와 상체를 똑바로 세우고 편안히 눈을 감음)를 한 채 코로 숨 들여 마시고~ 입으로 천천히 '후~' 하고 숨을 내쉽니다.
　다음은 그냥 입으로 한숨을 내뱉듯이 숨을 내쉬는 것을 4회 반복합니다. 그리고 나 자신에게 다음과 같이 나직하게 말합니다.
■ 나는 나를 사랑합니다~
■ 나는 내 자신, 그 자체가 너무나 좋습니다~
■ 나는 건강하기를 소망합니다~
■ 나는 행복하기를 소망합니다~
■ 나는 내가 상처에서 벗어나게 되기를 소망합니다~

	나에게 피해나 상처를 주었던 사람을 떠올리며 다음과 같이 나직하게 말합니다. ■ 나는 ○○○이 건강하기를 소망합니다~ ■ 나는 ○○○이 행복하기를 소망합니다~ ■ 나는 ○○○이 평안하기를 소망합니다~		
정리	▶ 활동 소감 나누기 • 참여일지를 작성한다. • 이번 시간에 새롭게 경험하거나 느낀 점, 도움이 된 점 등을 나눈다. ▶ 다음 시간 안내하기 　　　　　　　　　　　　　　　　　진행 예시 　　이번 시간에는 상대방의 입장이 되어 공감하기, 동정심 느끼기를 하였습니다. 다음 시간에는 우리를 치유할 수 있는 새로운 대안으로 '용서'에 대해 생각해 보는 시간을 갖겠습니다. 용서받아 본 경험과 용서해 본 경험을 떠올리고, [활동지 7-1: 용서 경험]을 작성해 오시기 바랍니다.	5	• 참여일지 • [활동지 7-1: 용서 경험]를 과제로 제시

공감하기　별칭:

　'공감'이란 상대방의 감정이나 심리상태나 내적인 경험을 '마치 나의 것처럼' 이해하고, 매 순간 함께 느끼며 이를 표현해 주는 것을 말합니다. 즉, 자신의 관점에서 벗어나 상대방의 관점이나 태도를 취해 보는 것, 다른 사람의 감정이나 느낌에 대해 반응을 보이는 과정이 모두 공감에 해당됩니다.

힘들거나 궁지에 몰렸을 때 다른 사람으로부터 공감이나 지지를 받았던 상황을 각자 쪽지에 써서 내고 무작위로 골라 읽은 후, 각자 공감한 내용을 돌아가면서 말해 보세요.

상황: 엄마가 평소 나(진희)와 오빠를 심하게 차별하여 큰 상처를 받고 엄마가 용서가 안 되어 가출까지 생각했었는데, 아빠가 나의 마음을 아셨는지 위로해 주셔서 그나마 진정이 되고 가출은 안 하게 되었다.

공감: 나 같아도 엄마가 오빠와 심한 차별대우를 하면 그런 마음이 생겼을 거예요. 그래도 진희 씨의 마음을 이해해 주는 아빠가 계신 것이 얼마나 다행이에요.

상대방에 대한 나의 감정 점검　　　　별칭:

😃 잠시 동안 조용히 눈을 감고 나에게 상처를 준 사람을 생각해 보세요.

1. 그 사람이 나에게 상처를 주었을 때 느꼈던 감정은 어땠나요?

　엄마가 오빠만을 위하고 차별대우를 할 때마다 나는 반발심이 생기고, 무척 화가 났어요. 그

　때마다 오빠가 꼴 보기 싫었어요. 어떨 때는 죽고 싶을 정도로 너무 고통스럽고, 엄마가 너무

　미웠어요.

2. 지금 이 순간, 그 사람에게 어떤 감정이 느껴지나요?

　지금도 엄마를 떠올리면 과거의 아픈 기억들 때문에 억눌러 왔던 엄마에 대한 미움들이 되살

　아나요. 엄마에게 너무 화가 나서 복수하고 싶은 마음까지 생기네요……．

3. 이 프로그램에 참여하여 상대방에 대한 이야기를 시작한 이후 그 사람에 대한 나의 감정에 어

　떠한 변화가 있었나요?

　지금 엄마 이야기를 하며 과거의 기억들을 꺼내다 보니 잊고 있었던 상처들이 생각나서 힘들

　어요. 그래도 마음 속 깊이 응어리졌던 엄마에 대한 분노를 이렇게 표현하는 것이 마음 아프

　기도 하지만, 조금은 후련하기도 해요.

📄 **6회기 참고자료**

빈 의자 기법(empty chair)

　빈 의자를 이용해서 내담자의 상상력을 자극하거나 역할극(role playing)을 시도하는 것이다. 이 기법은 자신에 대한 이해나 내면의 답변을 찾는 데 도움이 되며, 또 그 대상이 사람이 아닌 의자이기 때문에 보다 자유롭게 상상할 수 있다. 따라서 내담자의 저항이 약화되는 장점이 있다.

　상담자는 빈 의자를 내담자 앞에 두고 상상의 인물, 즉 내담자에게 상처 준 사람과 대화하도록 유도한다. 또한 내담자가 그 인물이 되어 의자에 앉아서 대답한다.

　필요 시에는 의자 대신 보조자아를 등장시켜 그 인물의 역할을 맡도록 할 수 있다. 또는 비 특정인, 예를 들어 울고 있는 아이, 과거에 상처받던 상황의 자신의 모습, 어린 시절 늘 지니고 다녔던 인형, 슬픔에 잠긴 사람, 앉아서 떨고 있는 사람 등을 상상하게 한 후 자신을 투영해 볼 수도 있다. 의자 이외에 침대, 창가, 탁자, 식탁 등도 같은 이미지로 사용될 수 있다.

　빈 의자 기법은 다음과 같이 진행한다.

"우리는 이런저런 상상들을 많이 합니다.
저는 이제부터 여러분을 상상의 세계로 안내할까 합니다.
여기 빈 의자가 하나 있습니다. 누군가가 앉아 있습니다.
누구일까요? 여러분에게 상처를 준 사람이 앉아 있다고 상상해 볼까요?

(잠시 침묵)

어떻게 앉아 있나요? 표정은 어떤가요? 시선은 어디를 보고 있죠?
뭐라고 첫마디를 건네겠습니까? 그러면 그 사람은 뭐라고 대답하나요?

(잠시 침묵)

눈을 감아도 좋습니다.
자, 이제 그 사람에게 정말로 하고 싶었던 이야기를 해 보세요."

참조: 이호선(2012).

7회기 ▶ 새로운 행동 계획하기

목표	✔ 용서 경험을 통해 용서의 필요성을 생각해 보고 진정한 용서의 의미를 이해할 수 있다. ✔ 나에게 상처를 준 한 사람을 용서하기로 결심하고 선물 목록을 작성할 수 있다.		
준비물	명찰, 필기도구, 간단한 선물		

단계	활동 내용	시간 (분)	유의점 · 준비물
도입	▶선물 받은 경험 나누기 • 서너 명씩 모여 내가 근래에 받은 선물 중에 가장 기억에 남는 것을 떠올려 보고, 그 선물이 특별히 기억에 남는 이유를 두 사람씩 짝지어 이야기해 본다. ▶활동 목표 안내하기 　　　　　　　　　　　　　　　　　[진행 예시] 　이번 시간에는 과거의 용서 경험을 통해 용서의 필요성을 생각해 보고, 진정한 용서의 의미에 대해 알아본 후, 나에게 상처를 준 사람에 대해 진정한 용서를 선택 · 결심해 봅니다. 용서를 시도하는 과정의 하나로 그 사람에게 줄 선물을 준비하는 시간을 갖겠습니다.	10	• 관계 속에서 선물의 의미를 생각해 보도록 한다. (선물 받은 경험이 없다면 어떤 선물을 받고 싶은지 이야기해 본다.)
전개	▶〈활동1〉 용서 경험 나누기 • 과거에 용서받았거나 용서했던 경험에 대해 서너 명씩 모여 이야기 나누어 본다. • 용서받았거나 용서했던 경험과 그때 느꼈던 감정, 내가 생각하는 용서의 의미, 용서의 필요성에 대하여 이야기 나눈 후, 한 사람이 전체에게 요약하여 소개한다. 　　　　　　　　　　　　　　　　　[진행 예시] 　우리는 사람들과의 관계 속에서 상처를 주거나 상처받을 수 있습니다. 용서는 가해자를 위한 것이기보다 부당하게 상처 입은 피해자가 상처를 극복하고 회복하기 위해 필요한 과정입니다.	20	• [활동지 7-1: 용서 경험] • 〈활동2〉에 앞서 용서에 관한 경험과 용서의 개념에 대해 자유롭게 나눈다.

| 전개 | ➤〈활동2〉 진정한 용서의 의미 이해하기(미니 강의)

[용서에 대한 오해(거짓 용서)]
• 퀴즈를 통해 용서에 대한 오해를 점검해 본다.
  – 용서는 잊는 것이다. (×)
  – 용서는 참는 것이다. (×)
  – 용서하면 정의가 훼손된다. (×)
  – 용서하면 화해해야 한다. (×)
  – 용서는 나를 위한 것이다. (○)

[진정한 용서의 의미 (용서의 유형, 의미, 과정)]
• 세 가지 용서의 유형 중에서 진정한 용서에 해당하는 것을 찾아보고 진정한 용서란 무엇인지 알아본다.
• 진정한 용서의 의미를 함께 읽는다.
  – 진정한 용서는 자신에게 상처를 입힌 사람을 동정, 자비, 사랑의 눈으로 바라보려고 노력하는 과정에서 상대방에 대한 부정적인 반응을 극복하고, 나아가 긍정적으로 반응하는 것이다.
• 지금까지 걸어온 용서 과정을 짚어 본다.

 진행 예시
우리는 개방 단계를 지나 결심 및 작업 단계에 와 있습니다. 지난 시간에 새롭게 느껴 보기까지 작업이 이루어졌습니다. 지금은 용서 시도를 선택하고 결심하는 단계에 와 있습니다. | 15 | • [활동지 7-2: 진정한 용서의 의미 이해하기]
• 참고자료
• 정답자 선물
• 문제를 모두 맞힌 참여자에게 선물을 줌으로써 즐거운 분위기를 유도한다. |
| | ➤〈활동3〉 용서의 선택과 결심
• 상처를 극복하기 위한 방법으로 용서를 선택하도록 유도한다.
  – 그동안 상처를 극복하기 위해 사용해 온 방법을 떠올려 보고 그 방법이 얼마나 효과적이었는지 평가해 봅시다. | 15 | • [활동지 7-3: 선택과 결심]
• 진정한 용서는 자발적인 선택을 통하여 가능하므로 참여자의 진정성에 초점을 둔다. |

• 나에게 상처를 준 사람을 용서하기로 결심했다면 서약서를 작성해 본다. • 아직 용서하고 싶지 않다면 서약서 대신 용서하고 싶지 않은 이유 또는 상대방에 대한 생각이나 느낌을 솔직하게 작성해 본다. • 작성 과정에서 떠오른 생각이나 느낌을 나눈다. ▶〈활동4〉 상대에게 주고 싶은 선물 • 나에게 상처 준 사람을 새롭게 대할 준비를 해 본다. **진행 예시** 　잠시 눈을 감고 천천히 호흡에 집중해 봅시다. (충분히 시간을 준다.) 　요즘 나에게 상처 준 그 사람과 어떻게 지내 왔는지 생각해 봅시다. (충분히 시간을 준다.) 　용서하는 마음으로 그를 만난다면 어떻게 대할지 생각해 봅시다. (충분히 시간을 준다.) 　그에게 선물을 준다면 어떤 선물을 주고 싶습니까? (충분히 시간을 준다.) 　이제 눈을 뜨고 그에게 주고 싶은 선물 목록을 작성해 봅시다. (충분히 시간을 준다.) 　작성한 선물 목록 중에서 가장 편하게 느껴지는 것을 골라서 선물 전달 계획을 세워 봅시다. (충분히 시간을 준다.) • 두 사람씩 짝지어 선물 전달을 연습한다. **예** 자식: 제가 한창 클 때 아버지가 오로지 바깥일만 신경쓰고 저희한테는 너무 무심하셔서 서운하고 원망스러웠어요. 생각해 보면 아버지가 사업 실패의 아픔을 이겨내시느라 오랜 시간 많이 힘드셨겠지 싶어요. 제가 해 온 반찬이에요. 맛있게 드세요. 아버지: 내가 미처 챙겨 주지 못했지만 잘 자라 주어 항상 고맙게 생각한다. 반찬이 아주 맛있구나.	20	• [활동지 7-4: 상대에게 주고 싶은 선물] • 선물과 함께 상대방에게 하고 싶었던 말을 전하도록 연습하고, 상대방 역할을 해 주는 파트너는 그에 대해 적절히 반응해 주도록 안내한다.

	– 실행하면서 어떤 생각이나 느낌이 들었는지 이야기 해 봅시다.		
정리	▶ 활동 소감 나누기 • 참여일지를 작성한다. • 이번 시간에 새롭게 경험하거나 느낀 점, 도움이 된 점 등을 나눈다. ▶ 과제 안내하기 　　　　　　　　　　　　　　　　　　　 진행 예시 　오늘 계획한 '그에게 주고 싶은 선물' 한 가지를 가급적 다음 시간까지 실행하고 오시기 바랍니다. ▶ 다음 시간 안내하기 　　　　　　　　　　　　　　　　　　　 진행 예시 　다음 시간에는 용서 과정을 시작한 이후 나 자신과 내 주변 사람들과의 관계에 나타난 변화를 돌아보면서 용서 경험이 나에게 주는 의미를 생각해 보고 집단구성원과 서로 격려하는 시간을 갖도록 하겠습니다. 서로에게 줄 응원의 선물을 한 가지 준비해 오시기 바랍니다.	10	• 참여일지 • 참여자 중 한 사람에게 전할 격려의 선물을 준비해 오도록 안내

7-1 용서 경험   별칭:

👄 누군가에게 용서받은 경험이 있나요? 용서받았을 때 어떤 감정을 느꼈나요?

초등학교 때 설거지를 해 보겠다고 나섰다가 유리그릇을 깨뜨린 일이 있다.

부모님께 크게 혼날 줄 알았는데 부모님은 내가 다치지 않았는지 먼저 살펴 주셨다.

깨진 유리조각을 조심스럽게 치우시는 부모님께 감사한 마음을 느꼈다.

👄 누군가를 용서한 경험이 있나요? 용서했을 때 어떤 감정을 느꼈나요?

오빠와 다툴 때마다 부모님의 강압에 못 이겨 오빠의 사과를 받아 주어야 했다.

다시 생각할수록 너무 억울하다.

👄 용서란 무엇일까요?

잘못을 저지른 사람을 위한 면죄부이며 죄책감에 대한 책임 회피라고 생각한다.

👄 용서는 왜 필요할까요?

함께 지내는 사람들 사이의 갈등을 줄이고 사이좋게 지내기 위해서 필요하다.

[미니 강의] 진정한 용서의 의미 이해하기   별칭:

🌑 다음 문장에 대해서 ○, ×로 답해 보세요.

1. 용서는 잊는 것이다. (○)
2. 용서는 참는 것이다. (○)
3. 용서하면 정의가 훼손된다. (○)
4. 용서하면 화해해야 한다. (○)
5. 용서는 나를 위한 것이다. (×)
   〈예시 답변은 모두 틀림〉

🌑 '진정한 용서'의 의미에 대하여 알아봅시다.

1. 다음 중 '진정한 용서'에 해당하는 것을 찾아보세요. (③)
   ① 상대방이 나처럼 피해를 입었을 경우에 용서하는 것
   ② 주위에서 용서하기를 기대하기 때문에 용서하는 것
   ③ 자발적으로 상대방을 이해하고 수용하는 마음으로 용서하는 것

2. '진정한 용서'는 자신에게 상처를 입힌 사람을 동정, 자비, 사랑의 눈으로 바라보도록 노력하는 과정에서 상대방에 대한 부정적인 반응을 극복하고 나아가 긍정적인 반응을 보이는 것입니다.

3. 용서는 일회적 행위가 아니라 '과정'입니다. 우리가 걸어온 과정을 체크해 보세요.

개방		결심 및 작업		심화
☑ 관계 돌아보기		☑ 새롭게 바라보기		☐ 변화 발견
☑ 상처 마주하기	⇨	☑ 새롭게 느끼기	⇨	☐ 고통의 의미
☑ 상처의 영향 자각하기		☐ 용서 시도 결심하기		☐ 삶의 목적
		☐ 새롭게 행동하기		☐ 용서의 자유

🔖 구회기 참고자료

용서에 대한 오해(거짓 용서)

① 용서는 잊는 것이다. (×)

　용서는 상처를 정확히 기억하고 직면하여 이해함으로써 상처를 치료하는 방법이다. 용서를 통해 '회복적 기억'이 가능하다.

② 용서는 참는 것이다. (×)

　용서하면 상처로 인한 고통에서 벗어나지만, 참으면 고통 속에서 괴롭고 상처가 지속된다.

③ 용서하면 정의가 훼손된다. (×)

　용서는 부당함을 확인하는 것에서 출발하며, 다시는 부당한 일이 일어나지 않도록 예방하는 것이기도 하다.

④ 용서하면 화해해야 한다. (×)

　용서가 화해의 문을 열어 주기는 하지만 용서한다고 해서 꼭 화해해야 하는 것은 아니다. 용서가 내면 치유의 과정이라면 화해는 양자의 관계가 치유되는 과정이다. 화해를 위해서는 상대방의 진심 어린 반성 및 사과와 피해자의 안전이 확보되어야 한다.

⑤ 용서는 나를 위한 것이다. (○)

　용서는 상대방을 위한 것이 아니라 오히려 상처받은 자신을 치유하기 위한 것이다. 상처와 피해로 인한 고통으로부터 나를 해방시켜 주는 것이 바로 용서다.

용서에 대한 이해의 발달(진정한 용서의 의미)

① 복수로서의 용서: '이에는 이, 눈에는 눈'이라는 원리를 적용하여 상대방이 나처럼 똑같이 피해를 받거나 상처를 입으면 용서할 수 있다는 생각. 이렇게 생각하는 사람들은 여전히 상대방이나 상대방이 저지른 잘못에 대해 분노와 적대감을 가지고 있고, 이를 공공연하게 밖으로 표출하는 경향이 있다.

② 사회적 기대에 의한 용서: 나에게 중요한 사람이 내가 용서할 것을 기대하고 용서하도록 권할 때, 그 사람을 실망시키고 싶지 않아서 용서하는 경우. 이러한 과정을 거쳐 용서한 사람은 적어도 밖으로 상대방에 대한 분노나 적대감을 표출하지 않기 때문에 문제가 없어 보이지만 내적으로는 여전히 불안, 두려움, 분노의 감정이 남아서 자신과 주변 사람을 힘들게 할 수 있다.

③ 도덕적 사랑으로서의 용서(진정한 용서): 자신에게 상처를 입힌 사람을 동정, 자비, 사랑의 눈으로 바라보도록 노력하는 과정에서 상대방에 대한 부정적인 반응을 극복하고 나아가 긍정적인 반응을 보이는 것. 이러한 용서는 자신과 타인에 대한 충실한 이해를 기반으로 하며 인간 본연의 가치, 배려와 존중을 실천하는 도덕적 사랑의 표현이다. 이러한 용서 이해는 더 이상 내 이익과 손해, 상대에 대한 복수와 처벌, 사회적 기대와 역할에 얽매이지 않고 내적으로 자유로운 상태에서 용서를 결심하고 이를 실천할 수 있는 원동력이 된다.

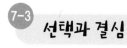

별칭:

🌐 예전에 당신이 받은 상처를 극복하기 위해 사용한 방법은 무엇이었나요? 그리고 그것은 얼마나 효과가 있었나요?   2

1	2	3	4	5
전혀 효과가 없다	별로 효과가 없다	보통이다	어느 정도 효과가 있다	매우 효과가 있다

🌐 당신이 받은 상처를 극복하기 위해 용서를 시도할 마음이 얼마나 드나요?   4

1	2	3	4	5
전혀 안 든다	별로 안 든다	보통이다	어느 정도 든다	많이 든다

🌑 나에게 상처 준 사람을 용서하기로 선택했다면 다음 서약서를 작성해 보세요.

용서 시도 결심 서약서

나에게 부당하게 상처를 준 (엄마   )를 용서하기로
결심하며 다음을 약속합니다.

1. 상대방에 대한 원한, 미움, 분노를 멈추겠습니다.

2. 상대방을 이해하고 공감하려고 노력하겠습니다.

3. 과거의 상처가 앞으로 우리의 관계에 영향을 미치지 않도록 노력하겠습니다.

2016년   8 월   20 일
서약자 : 김 진 희 (인)

● 진정한 용서는 자발적인 선택을 통하여 가능합니다. 아직 용서하고 싶지 않다면 서약서 대신 용서하고 싶지 않은 이유, 상대방에 대한 생각이나 느낌, 현재 자신의 심정을 솔직하게 작성하면 됩니다.

지금 내 마음은

상대에게 주고 싶은 선물　　　　　별칭:

🌑 나에게 상처를 준 사람에게 주고 싶은 선물 목록을 작성해 보고 어떻게 느껴지는지 체크해 보세요.

선물 목록	아주 편안함	조금 편안함	별로 편안하지 않음	전혀 편안하지 않음
엄마를 비난하지 않기		✔		
엄마의 장점 찾기	✔			
미소 지으며 엄마와 다정하게 이야기 나누기		✔		
자주 안부전화하기		✔		
작은 선물을 사서 직접 드리기	✔			
엄마와 식사하기		✔		

> **선물 목록 예시**
> 비난하지 않기, 상대방의 장점 찾기, 기도하기, 눈 맞추며 반갑게 인사하기, 미소 짓기,
> 먼저 안부 묻기, 먼저 말 걸기, 상대방의 이야기를 귀 기울여 듣기, 작은 선물 전하기,
> 함께 식사하기

🌑 실천 가능한 범위에서 선물 전달을 계획해 보세요.

누구에게	엄마
무엇을	엄마가 좋아하는 하늘색 스카프
언제	이번 주말
어떻게	엄마의 목에 직접 매어 드린다.
상대방의 반응은 어떨까?	정말 마음에 들고 고맙다며 기뻐하실 것 같다.

8회기 ▶ 계속되는 용서 여정

목표	✔ 용서 경험(고통)의 의미를 성찰할 수 있다. ✔ 긍정적 변화를 살펴보고 앞으로 계속될 용서 여정을 준비할 수 있다.		
준비물	명찰, 필기도구, 종이		

단계	활동 내용	시간(분)	유의점 · 준비물
도입	▶선물 받은 경험 나누기 • 지난 시간에 계획한 대로 선물을 전한 사람은 그 경험과 소감을 이야기하고, 전하지 못한 사람은 앞으로 상대방과 어떻게 지내고 싶은지 이야기 나누어 본다. ▶활동 목표 안내하기 진행 예시 　이번 시간에는 그 동안의 용서 여정에서 나타난 자신의 태도와 관계의 변화 또는 미해결 과제를 살펴보고, 용서 경험의 의미를 성찰해 보면서 앞으로 용서 여정을 지속해 나가기 위해 서로 격려하는 시간을 갖겠습니다.	10	
전개	▶〈활동1〉 얼마나 용서했을까? • 용서하기 척도를 사용하여 자신이 받은 상처와 상처를 준 사람에 대한 생각이 얼마나 변화되었는지 확인한다. • 3회기에 작성한 결과와 비교해 본다.	10	• [활동지 8-1: 얼마나 용서했을까?] • 3회기에서 작성한 '용서하기 척도'
	▶〈활동2〉 용서 여정 되돌아보기 • 그동안의 용서 여정에서 나타난 긍정적 변화와 미해결 과제에 대하여 생각해 본다. 　– 프로그램을 통해 배우거나 깨달은 것 　– 나에게 상처를 준 사람에 대한 생각이나 감정 변화 　– 나에게 상처를 준 사람과의 관계에서 향후 대처 계획 　– 나에게 상처를 준 사람을 용서하는 데 있어 걸림돌이 되는 것 　– 용서 여정에서 걸림돌을 극복하는 방법	15	• [활동지 8-2: 용서 여정 되돌아보기] • 참고자료

	• 작성 내용 중 특히 용서 여정에서 예상되는 걸림돌은 무엇이고 그것을 어떻게 극복하면 좋을지 함께 이야기한다.		
	➤ 〈활동3〉 칭찬세례 (Hot Seat) • 서로의 장점을 칭찬하며 격려한다. ① 리더가 먼저 제비를 뽑는다. ② 뽑힌 사람은 리더에게 선물을 받고 Hot Seat에 앉는다. ③ 참여자들은 Hot Seat에 앉은 사람에게 2분정도 칭찬세례를 한다. ④ Hot Seat에 앉은 사람은 가장 기억에 남는 칭찬과 칭찬받은 소감을 말하고 자신이 받은 선물을 공개한다. ⑤ Hot Seat에서 일어나면서 제비를 뽑아 계속 순서를 이어 간다.	30	• 별칭을 적은 제비 • 각자 준비한 선물 (선물로 『용서하는 삶』 증정 고려)

	➤ 〈활동4〉 프로그램 성과 평가
	  • 프로그램 성과를 전체적으로 평가한다.
	   – 가장 도움이 되었던 인상적인 활동은 무엇인가요?
	   – 가장 어렵고 힘들었던 활동은 무엇인가요?
	   – 더 좋은 프로그램이 되기 위해 개선할 점은 무엇인가요?
		15	• [활동지 8-3: 프로그램 성과 평가]

정리	➤ 활동 소감 나누기 • 참여일지를 작성한다. • 이번 시간에 새롭게 경험하거나 느낀 점, 도움이 된 점 등을 나눈다. ➤ 추후 모임 안내 ▨진행 예시 추후 모임까지 본인이 할 수 있는 만큼 용서 여정을 지속해 나가시기 바랍니다. 모두 수고하셨습니다.	10	• 참여일지

얼마나 용서했을까?   별칭:

🌑 다음 문항들은 당신이 받은 상처와 상처를 준 사람에 대해서 지금 어떻게 생각하고 느끼고 행동하는지에 대한 것입니다. 각 문항에 대해서 자신을 가장 잘 나타내는 곳에 ○표 해 보세요. 모든 문항에 솔직하게 응답해 주세요.

내용	매우 그렇지 않다	대체로 그렇지 않다	그저 그렇다	대체로 그렇다	매우 그렇다
1. 그 사람에 대한 미움이 남아 있다.	1	②	3	4	5
2. 그 사람을 봐도 마음이 편안하다.	1	2	3	④	5
3. 그 사람을 보면 화가 난다.	①	2	3	4	5
4. 그 사람을 봐도 아무렇지 않다.	1	2	3	④	5
5. 그 상처를 잊기 어렵다.	1	②	3	4	5
6. 그 일로 인해 사람들을 경계하게 되었다.	1	②	3	4	5
7. 그 사람과 웃으며 이야기할 수 있다.	1	2	3	④	5
8. 그 사람을 형식적으로 대한다.	1	②	3	4	5
9. 그 사람에게 잘 해주려고 노력한다.	1	2	3	④	5
10. 그 사람에게 편하게 연락한다.	1	2	3	④	5

참조: 오영희(2011).

※ 채점 방법
① 2번, 4번, 7번, 9번, 10번의 점수를 더하세요.
② 1번, 3번, 5번, 6번, 8번은 점수를 역으로 바꾸어서 더하세요.
  (예: 1점 → 5점, 2점 → 4점, 4점 → 2점, 5점 → 1점) ①과 ②의 점수를 더하여 총점을 구하세요. 총점은 얼마인가요?

※ 총점 해석 기준
① 22점 이하는 낮은 수준입니다. 당신은 아직도 상처를 많이 받고 있으며, 그 때문에 당신의 생각과 감정과 행동이 부정적입니다. 당신은 치유가 많이 필요하므로 천천히 용서 과정을 거치기 바랍니다.
② 23~32점은 보통 수준입니다. 당신이 상대방을 어느 정도 용서했다는 것을 의미합니다. 상처에서 완전히 벗어나기 위해서는 용서하기 과정을 거칠 필요가 있습니다.
③ 33점 이상은 높은 수준입니다. 당신은 이미 많이 용서하고 있으며 당신이 원한다면 이번 상처에 대해서는 용서하기 과정을 수행하지 않아도 됩니다. 그러나 상대방을 더 용서하고 싶다면 그 상처를 대상으로 용서하기의 과정을 따라가도 좋습니다.

8-2
용서 여정 되돌아보기

별칭:

🌑 그동안의 용서 여정에서 나타난 긍정적인 변화와 미해결 과제에 대하여 생각해 보세요.

1. 프로그램을 통해 배우거나 깨달은 것은 무엇인가요?

   용서라는 것이 상처 준 사람에게 면죄부를 주는 것이 아니라 나를 위해 필요한 것이라는 점을
   알게 되었다.

2. 나에게 상처를 준 사람에 대한 생각이나 감정이 어떻게 달라졌나요?

   예전에는 엄마가 밉고 원망스러웠지만, 지금은 엄마도 나처럼 남아선호사상의 피해자라고
   생각하니 동병상련의 마음이 든다. 익숙한 언행으로 상처를 주기도 하시지만 나를 사랑하시
   고 돌봐주시는 모습도 많다는 것을 새삼 깨달아서 예전만큼 서운하거나 불편하게 느껴지지
   않는다.

3. 나에게 상처를 준 사람과의 관계에서 앞으로 어떻게 대처하고 싶나요?

   상처 준 엄마가 미워 나도 퉁명스럽게 대했는데, 이제는 먼저 애교도 부려 보고, 수다 떨면서
   쇼핑하러 가는 다정한 모녀지간이 되면 좋겠다.

4. 나에게 상처를 준 사람을 용서하는 데 있어 걸림돌이 있다면 무엇인가요?

   여전히 습관적으로 오빠를 먼저 챙기시는 모습을 보면 아직 불편하기는 하다.

5. 걸림돌을 어떻게 극복해 나가면 좋을까요? (참고자료 활용)

   엄마가 남아선호사상으로 인해 상처받았던 이야기를 하는 자연스러운 분위기에서, 오빠를
   편애하는 엄마의 말과 행동 때문에 서운했던 나의 심정을 말씀드려 보면 어떨까? 서로 배려
   하는 노력을 기울이자고 말해 보고 싶다.

8회기 참고자료

용서 여정의 디딤돌과 걸림돌

용서하는 데 도움이 되는 요인은 무엇일까?

연구에 따르면 우리나라 성인들이 용서하는 데 가장 도움이 되는 것은 본인(35.9%)이었다(오영희, 2006). 즉, 본인의 이해, 인내심, 포용, 상처에서 벗어나고 싶은 이기적인 마음이 도움이 된다. 두 번째로 도움이 되는 것은 상대방(15.2%)으로 상대방의 반성, 사과, 노력, 보상 등이 도움이 되는 것으로 나타났다. 세 번째로 도움이 되는 것은 시간(10.8%)이다. 시간이 지남에 따라 고통이 줄어들고, 잊어버리기도 하고, 이해의 폭이 넓어져 용서에 도움이 되는 것이다. 네 번째로 도움이 되는 것은 주변 사람(9.0%)으로 친구, 가족 등의 조언이 도움이 되었다.

용서하는 데 방해가 되는 요인들은 무엇일까?

용서하는 데 가장 방해가 되는 것 또한 본인이었다(51.5%). 즉, 본인의 자존심, 욕심, 배신감, 선입관 등이 용서하는 데 걸림돌이 된다. 두 번째로 방해가 되는 것은 상처에 대한 기억(15.7%)이다. 즉, 상처가 반복될 것이라는 걱정과 상처 때문에 생겨난 금전적 어려움 등이 이에 속한다. 세 번째로 방해가 되는 것은 상대방이다(11.3%). 이를테면 상대방의 반성하지 않는 태도, 욕심, 나쁜 성격 등이다.

용서하는 데 도움이 되는 것들과 방해가 되는 것을 종합해 보면 본인 스스로가 가장 큰 역할을 한다. 따라서 용서를 하기 위해서는 자신의 마음을 잘 성찰하고 다스리는 것이 가장 중요하다. 그 다음으로 중요한 역할을 하는 것은 상대방이다. 상대방의 사과나 보상은 용서하는 데 많은 도움이 된다. 그럼에도 불구하고 용서하는 데 상대방의 반성이나 사과라는 조건을 붙이는 것은 대단히 위험하다. 잘못하면 또다시 상대방의 덫에 걸릴 수 있기 때문이다. 상대방이 진심으로 사과해야 용서할 수 있다고 한다면, 상대방의 행동을 계속 살피게 되고, 상대방이 사과하기 전까지 나는 계속 상처를 받아야 하며, 더 나아가서 사과하지 않는 것 때문에 또 다른 상처를 받게 될 수도 있다. 내가 상처받은 것만으로도 부당하고 억울한데, 왜 또다시 상대방의 덫에 걸려야 하는가? 용서는 무조건적으로, 상대방과 관계없이 내 안에서 스스로 만들어내는 자발적이고 자유로운 행동이라는 것을 꼭 기억하라.

8-3 프 로 그 램 성 과 평 가   별칭:

● 그동안 용서 프로그램에 참여하면서 얼마나 성과가 있었는지 잘 생각해 보면서 다음 문항에 답하세요.

	내 용	매우 도움 됨	약간 도움 됨	보통	별로 도움 안 됨	전혀 도움 안 됨
1	이 프로그램에 대한 전체적인 나의 평가는 어떤가요?		○			
2	이 프로그램은 나의 상처받은 마음을 회복하는 데 얼마나 도움이 되었나요?	○				
3	이 프로그램은 나에게 상처를 준 사람에 대한 태도 변화에 얼마나 도움이 되었나요?	○				
4	이 프로그램은 나의 인간관계 변화에 얼마나 도움이 되었나요?		○			
5	이 프로그램은 내가 행복한 삶을 살아가는 데 얼마나 도움이 되었나요?		○			

순	활 동	순	활 동	순	활 동	순	활 동
1-1	참여 규칙 정하기	3-1	상처 준 대상 직면하기	5-1	상대방의 삶 살펴보기	7-1	진정한 용서의 의미 이해하기
1-2	장점 관련 별칭 짓고 소개하기	3-2	부정적 감정 자유롭게 표현하기	5-2	비합리적인 사고 바꾸기	7-2	선택과 결심 (서약서)
1-3	참여 이유와 기대 · 목표 나누기	3-3	화병 동영상 시청	6-1	공감하기	7-3	상대방에게 주고 싶은 선물
2-1	나 자신을 이해하기	4-1	상처의 부정적 영향 자각하기	6-2	상대방에 대한 나의 감정 점검하기	8-1	용서 여정 되돌아보기
2-2	나의 인간관계 돌아보기	4-2	대처방식 점검하기	6-3	상대방의 입장이 되어 느껴보기	8-2	칭찬세례

1. 가장 도움이 되었던 활동의 번호를 쓰고, 그것을 선택한 이유를 쓰세요.

'5-1 상대방의 삶 살펴보기' 활동이 가장 도움이 되었다. 엄마도 남아선호사상의 피해자라는 것을 알게 되었을 때 엄마를 더 잘 이해하게 되었기 때문이다.

2. 가장 힘들었거나 참여하기 어려웠던 활동의 번호를 쓰고, 그것을 선택한 이유를 쓰세요.

'3-1 상처 준 대상 직면하기' 활동을 하면서 엄마가 내게 준 상처를 떠올릴 때 너무 괴로웠다. 그 상처를 다시 경험하는 것 같아서 힘들었지만 용서하기 위해 꼭 필요했던 과정이었던 것 같다.

3. 프로그램 개선을 위한 제안 사항이 있으면 적어 주세요.

특별히 없다.

4. 프로그램을 마치는 소감을 남겨 주세요.

엄마에 대한 서운함과 미움에서 벗어나지 못하고 살 뻔했는데, 용서 프로그램을 통해서 엄마에게 받은 상처에 대해 이야기하면서 위로를 받은 것이 큰 힘이 되었다. 무엇보다 엄마를 이해하게 되고 용서할 수 있게 되어서 매우 다행이다. 이제 남부럽지 않은 다정한 모녀지간이 되기 위해 노력할 것이다.

(   )회기 참여일지

1. 지금 나의 마음은 어떤지 해당 점수에 O 표한 후 한 마디로 표현해 보세요.

☹					☺					☺
0	1	2	3	4	5	6	7	8	9	10

지금 나의 마음은

2. 오늘 나는 다른 사람에게 얼마나 공감했는지 해당 점수에 O 표 해 보세요.

☹					☺					☺
0	1	2	3	4	5	6	7	8	9	10

3. 오늘 나는 얼마나 진솔했는지 해당 점수에 O 표 해 보세요.

☹					☺					☺
0	1	2	3	4	5	6	7	8	9	10

4. 오늘 나는 얼마나 다른 사람을 존중했는지 해당 점수에 O 표 해 보세요.

☹					☺					☺
0	1	2	3	4	5	6	7	8	9	10

5. 오늘 집단에 참여한 소감을 적어 보세요. (느낀 점, 도움이 된 점, 생활에서 실천하고 싶은 점, 나 자신이나 다른 집단성원에 대해 새롭게 자각하거나 발견한 점 등)

제8장

프로그램의
적용 사례

용서는 단순히 자기에게 상처 준 사람을 받아들이는 것이 아니다.
그것은 그를 향한 미움과 원망의 마음에서 스스로를 놓아 주는 일이다.
그러므로 용서는 자기 자신에게 주는 가장 큰 베풂이자 사랑이다.

−달라이 라마−

1. 사례 1: 오빠와 차별대우하는 엄마 용서하기

비로소 행복해지다

대학생인 진희는 오빠와 자신을 심하게 차별대우하는 엄마 때문에 큰 상처를 받았다. 엄마의 차별대우는 진희가 아주 어릴 적부터 시작되었다. 엄마는 가끔씩 옷을 사면서 오빠 것만 사왔다. 사춘기에 들어선 진희가 가장 상처를 받은 것은 중학교 진학과 관련해서였다. 엄마는 오빠를 좋은 중학교에 보내기 위해 비싼 돈을 들여 과외를 시키는 등 많은 신경을 썼지만 진희의 중학교 진학에는 관심이 없었다. 진희가 좋은 중학교에 가고 싶다고 말했지만, 엄마는 '너는 집 근처에 있는 중학교에 가도 돼'라며 무심히 말했다. 오빠보다 성적도 훨씬 좋고, 선생님의 인정도 받고 있던 진희에게 어머니의 그런 태도는 큰 상처가 되었다. 아마도 그때부터 본격적으로 엄마에 대한 반발심이 시작되었던 것 같다. 그 후로도 엄마의 차별은 계속되었다.

어렸을 때는 멋모르고 엄마의 말을 따르던 진희였지만, 크고 나니 엄마가 얼마나 남아선호사상에 사로잡혀 있는지, 또 그것들이 자신을 얼마나 옭아매고 있는지 보이기 시작했다. 그래서 엄마가 무슨 일을 시키거나 잔소리를 하면 진희는 큰 소리로 대꾸했다. 그러면 엄마는 진희가 버릇이 없다며 더 크게 화를 냈고, 두 사람의 싸움은 걷잡을 수 없을 정도로 커지곤 했다.

진희는 대학교에 들어와서 우연한 기회에 용서 프로그램을 알게 되었다. 진희는 여러 번 망설이다가 이제는 서로에게 상처만 주는 엄마와의 싸움을 끝내고 싶다는 마음에서 용서 프로그램에 참여하였다.

1) 개방 단계

고등학교 때 진희는 공부하고 학원에 다니느라 자신의 상처를 되돌아볼 여유가 없었다. 그러나 힘겨웠던 입시가 끝나고 삶이 여유로워지면서 엄마에게서 받은 상처가 자꾸 마음에 걸렸다. 대학교에 입학하고 난 후로 엄마와 함께 있는 시간이 더 늘어났지만 여전히 서먹서먹하고 어색했다. 엄마를 대할 때면 말로 표현할 수 없는 불편함이 마음속에 있었다. 또 엄마와 대화할 때는 자꾸 오빠와 차별하며 상처를 줬던 기억이 생각나 화가 치밀어 괜히 틱틱거리게 되었고, 엄마가 사소한 실수를 했을 때도 마구 화를 내고는 하였다. 진희는 그런 자신의 모습을 보면서 아직까지 자신의 마음속에 풀리지 않은 응어리가 존재한다는 것을 알 수 있었다.

용서 프로그램에 참여해서 엄마를 용서하기 위해 과거의 기억들을 꺼내다 보니 잊고 있었던 상처들이 생각나서 힘들었다. 억눌러 왔던 엄마에 대한 미움들이 되살아났고 엄마에게 복수 아닌 복수를 하게 되었다. 괜히 엄마에게 화를 내며 심술을 부렸고, 엄마가 불러도 일부러 못 듣는 척 할 때도 있었다. 한동안은 엄마에 대한 미움과 그동안 쌓인 마음의 상처들이 뒤엉켜 혼란스럽고 고통스러운 때를 보냈다.

2) 작업 · 결심 단계

(1) 용서를 시도해 볼 것을 결심하기

하지만 진희는 언제까지고 엄마와 이렇게 불편한 관계를 지속할 수는 없었다. 엄마는 점점 늙어 가고, 자신은 곧 엄마의 품을 벗어나야 하는데 지금이 아니면 엄마와 관계를 회복할 기회가 없을 것 같다는 생각이 들었다.

진희는 '용서'라는 단어를 지금까지 긍정적으로 생각하고 있지 않았다. 자신의 경험을 되돌아보면 용서는 피의자를 위한 면죄부이고 죄책감에 대한 회피이며, 주변의 힐난에 대한 돌파구였을 뿐이었다. 예를 들어, 오빠와 싸우게 되면 부모님의 중재 하에 아무리 보아도 진심이 담겨 있다고는 믿기 힘든, 마지못해서 하는 오빠의 사과를 받아

들여야만 했다. 오빠가 사과를 한 직후에 바로 용서해 주지 않으면, 부모님은 진희에게 속이 좁다느니 오빠가 어렵게 사과했는데 너무한다느니 하면서 처음 잘못한 것이 오빠임에도 불구하고, 진희가 궁극적인 비난의 대상이 되었던 경험이 많았다. 그래서 진희는 용서를 좋게 생각하지 않았다.

그러나 프로그램에 참여하여 진정한 용서에 대해 배우면서 점차 용서에 대한 부정적인 생각이 없어지게 되었다. 주변의 강요에 의해 억지로 용서하는 것, 순간적인 상황의 모면과 회피를 위해 사과하고 용서하는 것은 진정으로 관계가 회복되는 것이 아니라는 것을 깨닫게 되면서 지금껏 자신이 생각해 오던 용서가 진정한 것이 아니라는 것을 알게 되었다. 용서가 상대방의 잘못을 잊고 덮어둔 채 무작정 잘 지내야 하는 것이라고 생각해 왔던 진희에게 용서와 화해는 별개의 것이며, 자신이 용서한다고 해서 상대방이 잘못한 것을 잊어버려야 하거나 책임을 면제해 주는 것이 아니라는 사실은 큰 충격을 주었다.

용서는 상대방에게 면죄부를 주는 행위가 아니라, 자기 내면에서 상대방을 용서함으로써 마음의 안정을 찾고 편안해지는, 자기 자신을 위한 행위라는 것을 배우게 되면서 진희는 용서를 시도해 보기로 결심하였고, 용서 시도 결심 서약서를 작성하였다.

(2) 새로운 눈으로 바라보고 이해하기

진정한 용서를 하기 위해 진희는 우선 엄마를 새로운 눈으로 바라보는 시간을 갖기로 했다. 먼저 진희는 엄마의 삶에 대해 알아보았다. 엄마는 1남 5녀 중 셋째다. 엄마는 형제가 많아서 부모님의 사랑을 충분히 받지 못하고 자랐다. 외할머니는 아들을 낳기를 원했는데 6번째 출산 끝에 겨우 막내 아들을 낳았다. 그 때문에 아들을 낳기 전까지는 시어머니에게서 많은 구박을 받았다. 외동아들인 삼촌은 부모님의 사랑을 독차지하며 귀하게 자란 반면 엄마와 이모들은 찬밥신세였다. 외할머니는 엄마와 이모들에게 항상 일을 시켰고 따뜻한 말이나 칭찬은 거의 한 적이 없었다. 외할아버지도 굉장히 가부장적인 분이라 아들과 딸을 차별하는 일이 많았다.

진희는 엄마가 자신의 삶에 대해 말하는 것을 듣는 내내 마음이 아팠다. 진희는 비록 엄마에게 차별을 당하기는 했지만 아빠에게서는 많은 사랑을 받고 자란 편이었다. 그런데 엄마는 부모님 중 어느 한 분에게도 제대로 된 관심과 사랑을 받지 못했다고 생각하니 어린 마음에 얼마나 상처가 되었을지 짐작이 갔다.

진희는 엄마의 성장배경을 들으면서 이전에는 몰랐던 엄마의 모습을 알게 되었다. 진희는 친한 친구가 엄마와 재미있게 대화하는 것을 보고 자신과 엄마의 관계가 참 냉담하고 애정이 없다고 생각했었다. 그런데 엄마의 성장배경을 알고 나서부터는 무조건 엄마의 잘못으로만 탓할 수 없다는 것을 깨달았다. 엄마도 나름대로 잘 해보려고 노력했지만 부모님으로부터 사랑을 받아 본 경험이 없기 때문에 어떻게 자식에게 사랑을 주어야 하는지 잘 몰라서 그랬던 것 같았다.

또 한 가지 엄마의 가장 큰 문제점은 뿌리 깊게 자리 잡은 남아선호사상이다. 엄마가 그런 편견을 가지게 된 것은 자라온 환경 때문이었다. 어렸을 때 워낙 남녀차별이 심한 집안에서 자라다 보니 영향을 크게 받은 것이다. 그리고 엄마가 어릴 적인 6, 70년대는 남아선호사상이 당연시되던 때였다. 그래서 엄마는 자신의 태도가 부당하다는 것을 알지 못한 채 진희에게 자신이 보고 배운 교육관을 적용시키게 된 것이다.

진희는 엄마라면 모든 자식을 항상 똑같이 사랑해야 한다고 생각했다. 그런데 엄마가 오빠만을 위하고 차별대우를 하자 무척 화가 나고 상처를 많이 받았다. 하지만 이번에 용서 프로그램에 참여하면서 엄마도 사람이기에 틀릴 때가 있고 잘못할 수 있다는 것을 깨닫게 되면서 엄마를 이해하게 되었고, 오랫동안 닫혀 있던 마음의 문이 조금씩 열리게 되었다.

(3) 상처 흡수하기

어느 날 진희가 엄마와 말다툼을 하고 있었는데 갑자기 엄마가 미안하다고 말했다. 그동안 한 번도 사과한 적이 없었던 엄마가 갑자기 그런 말을 해서 진희는 매우 당황했다. 그런데 생각해 보니 요즘 엄마가 자신과 대화하는 과정에서 딸에게 상처를 주었다는 것을 어느 정도 깨달은 것 같았다. 엄마가 자신에게 미안해한다는 것을 알고 나니 진희는 이제 서로에게 상처 주는 일은 그만두어야겠다고 결심했다.

진희는 자신의 상처를 흡수하기 위해 기도했다. 더 이상 과거의 상처에 얽매이지 않게 해 달라고, 또 엄마를 이해하고 받아들일 수 있게 해 달라고 말이다. 진희는 기도하면서 엉엉 울었다. 그렇게 자신의 감정을 표현해 본 적은 처음이었다. 한바탕 울고 나니까 정신이 맑아지면서 마음이 후련했다. 진희는 그렇게 반복해서 기도하면서 마음의 안정을 찾을 수 있었다. 그리고 자신에게 감사의 편지를 썼다. 그동안 많이 힘들었는데 버텨 주어서 고맙고, 네가 상처받은 것은 너의 잘못이 아니라고 말이다.

(4) 상처를 준 사람에게 선물하기

이런 과정을 거쳐 마음의 평화를 얻게 되자 진희는 더 이상 엄마가 밉지 않았다. 오히려 엄마에게 좋은 딸이 되고 싶다는 생각이 들기 시작했다. 그래서 이제는 엄마에게 차가운 말투로 말하지 않고, 자주 전화해서 안부를 묻고, 가끔 여유가 생기면 작은 선물도 해 드렸다. 엄마는 진희의 선물을 받고 매우 고마워하셨다. 그리고 예전과는 다르게 진희가 따뜻한 태도로 대하자 겉으로는 내색하지 않았지만 기쁜 표정을 지으며 행복해했다.

3) 심화 단계

(1) 고통의 의미 발견하기

진희는 고통을 흡수하는 과정을 거치면서 엄마에 대한 미움과 분노가 많이 사라졌다. 또 그동안 느꼈던 고통에 대해 좀 더 여유를 가지고 생각할 수 있게 되었다. 예전에는 엄마와 친하게 지내는 다른 친구들과 비교하면서 '우리 엄마는 왜 저럴까?' 하며 열등감에 빠진 적도 있다. 하지만 지금은 자신이 상처를 받았다는 사실에 당당해졌다. 엄마와의 갈등이 있었기에 현재 자신이 갈등을 해결할 수 있는 능력을 갖추게 되었고, 자신의 상처를 다른 사람에게 의존하지 않고 스스로 치유할 수 있는 능력을 갖게 되었다는 생각이 들었다. 또 자신과 같은 상처를 지닌 사람들을 공감하고 이해할 수 있는 성숙한 사람이 된 것 같아 자신감도 생겨났다.

(2) 용서의 여정 계속하기

용서의 작업 과정을 거치면서 진희와 엄마의 관계는 어느 정도 회복되었다. 말로 표현하지는 않았지만 서로에게 상처 준 것을 미안해하고 있다는 것을 느낄 수 있었다. 하지만 진희는 좀 더 확실하게 표현할 필요가 있다는 생각이 들었다. 그래서 엄마에게 편지를 써서 그동안 엄마의 행동으로 인해 자신이 상처받은 것들을 구구절절 담았다.

엄마는 편지를 읽고 나서 진희에게 이야기를 하자고 했다. 엄마는 그동안 진희가 상처받았다는 것을 알기는 했지만 이렇게 심하게 아파하고 있었을 줄은 몰랐다고 했다. 그리고 그동안 오빠와 차별한 것은 정말 미안하다고 사과했다. 엄마도 어린 시절 그런 차별대우를 받았기 때문에 그것이 잘못된 행동이라고 생각하지 못했다고 했다. 엄마의 사과를 들으니 진희는 눈물이 났다. 엄마도 같이 울었고, 앞으로는 오빠와 차별대우하지 않겠다고 약속했다. 진희도 엄마에게 앞으로는 함부로 대하지 않겠다고 약속했다.

엄마를 용서하게 된 후로 많은 것들이 달라졌다. 우선 엄마와의 관계가 좋아졌다. 진희는 일부러 엄마와 대화하는 시간을 많이 가지려고 노력했고, 진지한 고민들도 함께 이야기하면서 서로를 편하게 대할 수 있게 되었다.

용서 프로그램에 참여하게 된 것은 진희에게 삶의 전환점이 되었다. 진희는 지금까지 살아오면서 수많은 상처를 받아 왔지만 정작 그 상처를 어떻게 치유해야 하는지는 몰랐다. 하지만 프로그램에 참여하고 직접 용서를 경험하면서 결국 용서가 해답이라는 것을 깨닫게 되었다. 살아가면서 또 다른 누군가로부터 상처를 받겠지만 진희는 이제 두렵지 않았다. 상처를 치유할 방법을 알게 되었기 때문이다. 진희는 이번 경험이 자신의 성장에 큰 자양분이 될 것이라는 확신이 들었다.

2. 사례 2: 자신을 왕따 시킨 친구 용서하기

용서는 나를 위한 것

대학교 2학년인 민지의 삶에서 가장 슬프고, 가장 큰 상처를 받았던 일은 7년 전인 초등학교 6학년 때 친구들에게 왕따를 당했던 일이다. 어렸을 때 받은 상처이고 7년이란 시간이면 잊을 만하다고 생각할 수도 있겠지만, 그 일은 결코 잊을 수 없는 큰 상처로 남아서 꽤 오랫동안 민지의 성격과 행동에 큰 영향을 미쳤다.

민지는 용서 프로그램에 참여하면서 처음에는 자신에게 오랫동안 스트레스를 주고, 가끔 떠오를 때마다 무척 괴로웠던 상처가 '용서'라는 개념으로 회복될 수 있을지 의심했다. 게다가 자신이 그 일을 용서하면 그동안 자신을 괴롭혔던 친구는 더 당당해지지 않을까 하는 생각이 들어 거부감마저 들었다. 차라리 과거는 묻어 놓고, 행복한 현재만 즐기며 살고 싶다는 생각도 했다. 그러나 아직도 그 상처에 얽매여서 아파하고 있는 자신의 내면을 보게 되면서, 그리고 '용서는 자기치유이며 나 자신을 위한 것'이라는 설명을 들으면서 자신을 위해 용서를 시도해 보기로 했다.

1) 개방 단계

용서를 실천하기 위해서 가장 먼저 해야 할 일이자 가장 어려웠던 일은 자신의 상처를 직면하는 것이었다. 민지에게 큰 상처를 준 사건은 7년 전 민지가 초등학교 6학년 때 일어났다. 늘 함께 다니던 두 명의 친구가 합작해서 민지를 반 전체 학생들에게서 따돌린 것이다. 그중 한 명인 주희는 특히 심하게 민지를 괴롭혔다. 학교에서 친구들과 민지를 이간질해 놓고서는, 열 명이 넘는 친구들을 화장실에 모아 놓고 민지가 먼저 이간질을 했다고 몰아 갔다. 그 후로도 시도 때도 없이 민지를 불러서 괴롭히고, 심지어는 외모에 대한 인신공격까지 해댔다.

왕따를 당한 기간은 한 학기 정도 밖에 되지 않았지만, 그 후유증은 꽤나 오래갔다. 중학교에 가면 괜찮을 거라고 생각했지만, 왕따를 당하면서 자신도 모르게 성격이 굉장히 소극적으로 변했고, 심지어는 친구들 무리와 자신이 떨어져 있으면 매우 불안했으며, 친구들이 자신을 제외하고 이야기하는 모습을 보면 '나를 험담하고 있는 것 아닐까?' 하는 괜한 의심이 들었다. 함께 다니는 친구가 있어도 그 친구를 신뢰하지 않고, '언제 또 나를 왕따 시킬지 몰라'라고 생각했다. 모두와 함께 잘 지내고, 친구들을 재미있게 해 주고, 시끄럽게 떠들어 대던 민지의 성격이 따돌림으로 인해 소극적이며 의심 많은 성격으로 변하게 된 것이다.

민지는 고등학교에 입학하면서 차라리 상처를 묻어 놓고, 고등학교에서는 많은 활동을 하면서 친구들을 많이 사귀고, 일부러라도 재미있는 사람이 되어 보자고 다짐했다. 억지로라도 변하려고 노력했기 때문에 적극적인 성격이 되는 데 성공했지만, 여전히 누군가 자신을 험담할 거라는 의심은 저버릴 수 없었기 때문에 인간관계는 계속 불안했다.

2) 작업 · 결심 단계

민지가 상처를 받고 사용한 문제해결전략은 회피였다. 그저 상처를 잊고 싶은 마음에 일시적으로 땜질을 한 것이다. 성격이 변하고, 친구를 많이 사귀고, 친구들이 재미있어 하는 것으로 만족하기는 했지만 이면에는 아직도 사람들이 몰래 자신의 험담을 할까 봐 불안에 떨고 있었던 것이다.

민지는 용서에 대한 설명을 들으면서 완전한 공감과 이해를 하지는 못했지만, 그래도 자신의 상처를 '용서'로써 치유하는 연습을 해 보려고 다짐했다.

(1) 새로운 눈으로 바라보고 이해하기

민지는 그동안 상처받은 일에 대해 부당하고 억울하다고만 생각했을 뿐, 자신을 괴롭혔던 주희의 입장에 대해서는 한 번도 생각해 본 적이 없었다. 그저 주희가 가끔 떠오를 때마다 짜증이 나고, SNS에서 다른 친구들과 대화를 나누는 것을 보게 되면 '날 괴롭혔던 주제에 정말 당당하게도 사네.'라는 생각이 들면서 화가 치밀었다.

그러나 민지는 용서 프로그램에서 제안한 대로 이번 기회를 통해 주희가 어떤 삶을 살았고, 어떤 생각을 하고 있는지 점검해 보기로 했다. 오래된 기억을 더듬어 보니 주희는 외동딸이었다. 집에 가면 홀로 방을 쓰고, 엄마는 항상 바깥일을 하고 계셔서 한 번도 만난 적이 없었다. 민지는 언니가 있어서 외동딸의 입장을 생각해 본 적이 없었는데, 지금 생각하면 주희는 외동딸이었기 때문에 가족보다 친구들에게 더 관심을 갖고 집착을 했던 것 같았다.

활동지에 상처를 준 사람의 장점과 단점을 쓰라고 했을 때 장점보다 단점이 훨씬 많이 떠올랐지만, 용서를 위해 꾹 참고 주희가 가진 장점을 떠올리기 위해 노력했다. 주희의 장점은 '함께 있을 때는 나를 즐겁게 해 주고, 함께 놀러가자고 먼저 제안하는 성격이다. 활발하며 자신감이 넘친다'이다. 단점은 '활발함이 도를 넘을 때도 있다. 사람들 사이를 이간질한다. 자신이 항상 옳다고 생각하면서 잘못을 인정하지 않는다.'이다.

활동지에 쓰면서 느낀 점은 주희와 사이가 좋았을 때의 모습은 곧 장점이고, 자신과 싸우고 괴롭혔을 때 이후의 모습은 단점이라는 것이었다. 다시 말해서, 괴롭힘을 당했기 때문에 그 친구 자체가 단점 덩어리라고 생각해 왔다는 것을 느꼈다. 물론 '이간질을 한다'는 점은 아직도 이해할 수 없는 최악의 단점이라고 생각한다. 외동딸이기 때문에 친구들과의 관계가 중요했다 하더라도 이간질은 분명히 나쁜 것이기 때문이다.

그럼에도 불구하고 인간은 불완전한 존재이고 누구나 실수를 할 수 있다는 것을 깨달은 것이 민지에게는 큰 도움이 되었다. 민지 자신도 불완전한 존재이고 실수를 할 수 있다. 특히 왕따 사건이 발생했던 때는 초등학교 6학년으로 매우 어린 나이였고, 자신과 주희 모두가 많이 미성숙하고 불완전했다. 아마 지금은 주희가 이간질하는 습관을 고치지 않았을까 하는 생각도 들었다.

(2) 상처를 흡수하고 공감과 측은지심 느끼기

조용한 음악을 들으면서 자비명상을 하는 것이 민지에게는 큰 도움이 되었다. 그래서 시간 나는 대로 '나는 내가 행복하고 평안하기를 소망합니다'라고 하면서 자신에 대한 자비명상을 하였다. 그 후에 마음이 편안해지면 주희에 대한 자비명상을 하면서 공감과 측은지심을 느끼기 위해 노력했다.

3) 심화 단계

(1) 고통의 의미 발견하기

따돌림 당한 경험이 정말 힘들기는 했지만 민지는 자기가 그것을 잘 극복했다는 생각이 들었다. 특히 자신이 하고 싶은 일이면 무엇이든 적극적으로 참여하려는 자세를 갖게 된 것은 민지의 큰 장점이 되었다. 성격의 변화가 필요하다고 느꼈던 고등학교 때 민지는 동아리에 자발적으로 들어가 회장을 했다. 부반장도 여러 번 하는가 하면 다양한 모임에 들어가 다른 반 친구들도 많이 사귀었다. 그런 자신의 태도가 대학교 때까지 이어지면서 지금도 교내외 많은 사람들과 활발히 교류하며 활동하고 있다.

(2) 용서의 여정 계속하기

민지는 아직 자신에게 상처를 준 친구에게 먼저 연락을 하거나 무엇인가를 선물하기 위한 준비는 되어 있지 않다. 억지로 그 친구에게 연락을 했다가 '성급한 용서가 되어 버리면 어떡하나, 그 친구는 아예 날 기억조차 하고 있지 않아서 내가 다시 상처를 받으면 어떡하나'라는 걱정이 들면서 망설이고 있다.

용서와 화해가 다르다는 것을 알게 된 것은 민지가 용서를 시도하고자 마음먹는 데 큰 도움이 되었다. 용서는 자신의 내면에서 이루어지는 치유 과정이고, 화해는 이와 관련된 사람들이 함께 노력하는 과정이기 때문에 용서가 화해의 가능성을 열어 놓는다는 것을 알게 되었다. 민지는 기회가 닿으면 서서히 주희와 화해를 시도해 볼 생각을 가지고 있다.

용서 과정을 거치면서 민지에게 일어난 가장 큰 변화는 마음이 편해졌다는 것이다. 인간관계에 대한 불안도 많이 사라졌다. 용서에 대해 큰 거부감을 가지고 있던 민지는 이제 용서의 힘을 믿게 되었고, 따돌림당했던 경험으로 힘들어하는 다른 친구에게 자신의 경험을 이야기해 주면서 용서에 대한 책을 선물하기도 했다.

3. 사례 3: 폭력적인 아버지 용서하기

분노의 감옥에서 벗어나다

올해 24세인 성미는 평상시 안절부절못하고, 이유 없이 자주 화와 짜증을 내며 사람들에게 소리 지르거나 폭언 및 공격적인 행동을 충동적으로 나타내기 때문에 대인관계에 어려움을 겪고 있었다. 어린 시절부터 가정폭력에 노출되고 부모의 학대를 받은 성미는 분노와 적개심, 불안과 우울로 고통받고 있었고 타인에 대한 불신과 공격적인 행동이 빈번히 일어나 대인관계에 문제가 생기면서 삶 전반에서 부적응을 경험하고 있었다. 그러나 성미가 아버지의 지속된 폭력을 피하기 위해 어머니, 여동생과 함께 쉼터에 입소하여 용서 집단상담 프로그램에 참여한 이후 조절되지 않던 분노가 완화되고, 점차 삶의 희망과 만족감이 향상되는 긍정적 결과를 보였다.

성미가 쉼터 입소자 여섯 명과 용서 프로그램에 참여하기 전까지는 자신에게 상처 준 대상들을 떠올렸을 때 그들에 대한 분노가 너무나 커서 절대 풀릴 수 없을 거라 생각했지만, 이제는 분노의 감옥에서 해방되어 웃음과 희망을 찾아가는 모습을 보여 주었다. 성미는 스스로를 '분노의 감옥에 사는 괴물' '화 감정 괴물'이라고 표현할 정도로 알 수 없는 분노에 휩싸여 살았다. 그러나 용서를 통해 자신을 부당하게 대했던 대상들을 직면하고 고통을 표현하기 시작하면서 분노를 해결할 수 있었다.

상담 초기에 성미는 용서를 통해 자신에게 긍정적 변화가 일어날 것이라는 기대를 하지 않았으나 아버지를 용서하기로 결단하고 실행하는 경험을 반복하면서 긍정적인 심리적 변화가 나타났다. 성미가 오래된 상처를 치유하고 분노를 해결하며 삶의 의미와 희망을 찾아가는 용서 과정은 다음과 같다.

1) 개방 단계

개방 단계는 평소 성미가 이유 모를 분노를 부적절하게 표출해 온 배경을 충분히 이해하고 인식하는 시간이었다.

(1) 상처 발견하기

성미는 유아기부터 아버지의 폭력을 반복적으로 목격하며 그에 대한 공포와 두려움, 불안과 슬픔을 지속적으로 경험하였다. 또한 지속적으로 아버지에게 폭력을 당해 온 지적발달장애인인 어머니로 인해 우울과 무력감, 분노와 적개심을 교차적으로 느끼고 있었다. 성미는 특히 어머니에 대해 불쌍함과 미움이라는 양가감정을 가지고 있었는데 이 양가감정은 성미의 마음을 더욱 혼란스럽게 하였다.

"아빠한테 억울하게 매 맞는 엄마가 불쌍하다가도 바보처럼 당하는 엄마가, 동생을 더 사랑하는 엄마가 미워요. 모르겠어요. 내가 왜 그러는지……." 성미는 어릴 때부터 엄마가 정당한 이유 없이 자신의 요구를 거절하고 오히려 자신에게 폭언을 하며 화 낼 때, 부모 모두에게 버림받은 느낌을 받았다. 동생이 잘못했는데 자신을 혼내고 때리는 엄마가 너무 밉고, 세상에 혼자 남겨진 기분이 들어 두려웠으며 아빠로부터 당하기만 하는 엄마, 동생과 친밀한 엄마의 차별적 행동을 생각하면 화가 솟구쳐 올랐다. 아빠에게 매 맞는 엄마가 안쓰럽고 이해되다가도 별일 아닌 것에 화가 나서 엄마에게 폭언을 퍼부으며 달려드는 괴물과 같은 자신을 보게 된다고 고백하였다.

성미의 이러한 행동은 폭력적인 아버지가 무섭고 미우면서도 어느새 아버지의 행동을 동일시하는 것으로, 평소 이유 없이 화가 나고 분노하며 사람들에게 반복적으로 파괴적 행동을 했던 것과 수년 간 부모에 대한 부정적 감정을 억압해 온 것과 상당한 연관이 있는 것으로 보인다. 성미의 어머니는 개인 면담에서 당시 상황을 회고하며 남편의 심한 폭력 때문에 말로는 설명할 수 없는 수치심과 모멸감에 시달렸으며, 자신이 심리적으로 불안정하여 어린 두 딸을 제대로 양육할 수 없는 상태에서 남편에게 쌓인 분노와 화를 어린 성미에게 쏟아부었다며 미안함이 크다고 이야기하였다.

성미는 전형적인 가정폭력의 희생양으로 살아왔다. 어릴 때부터 부모의 돌봄과 관심을 받지 못했고 늘 자신이 존재 가치가 없다는 생각을 하며 이유 모를 분노와 괴로움에 빠져 있었다. 특히, 자신을 아빠의 폭력에서 보호해 주지 않고 동생을 더 사랑하는 엄마에게 느꼈던 섭섭함과 서러움은 성인이 된 지금까지 사람들을 향한 분노와 적개심, 불신이라는 해결되지 않은 감정으로 전환되어 대인관계에서 역기능을 일으키는 데 영향을 주고 있었다.

(2) 회상을 통해 상처 마주하기

성미는 어린 시절을 회상하며 미해결된 상처를 이야기하면서 안면이 굳어 가는 긴장된 모습과 상기된 목소리, 충혈된 눈, 주먹 쥔 손 등 매우 성난 모습을 보였다. 성미가 마주한 첫 번째 회상은 유치원에서 친구의 물건이 없어졌는데 자신이 도둑으로 몰려 친구들 앞에서 선생님에게 뺨을 맞은 사건이었다. 며칠 후 억울함은 풀렸지만 제대로 사과하지 않는 선생님 때문에 큰 상처를 받았고, 이후 억울함과 적대감, 분노와 슬픔의 악순환에 빠지게 되었다.

두 번째 회상은 폭력을 휘두른 아빠에 대한 기억이다. 청소년기에 아빠의 요청으로 라면을 끓여 갔는데, 트집을 잡고 성미에게 말대꾸한다며 뜨거운 라면을 얼굴에 부으려 위협한 사건과 폭언을 하며 아스팔트 길 위에 자신을 내동댕이쳐서 다친 사건 등 폭력을 일삼는 아빠로부터 성미는 수없이 상처를 받아 왔다. 성미는 "아빠는 아무 이유 없이 트집을 잡고 폭력을 일삼으면서 자신을 위해 다들 변해야 한다고 강압적으로 나와요. 자기가 신이라도 된 것처럼 무조건 자기를 믿으라고 하고, 화가 난다고 저희 셋을 마구 때려요. 아빠는 다혈질이라 쉽게 화내고 폭력적으로 변해서 사람을 견디기 힘들게 해요."라고 말했다.

마음속 깊이 아빠에게 원하는 것이 있느냐는 질문에 성미는 눈물을 흘리며 아빠에게 사랑받고 싶다고 대답했다. 이것은 아빠에 대한 분노 이면에 있는 성미의 진심이었다. 지금 여기에 아빠와 선생님이 자신 앞에 있다면 그들에게 듣고 싶은 말과 하고 싶은 말이 무엇인지 해 보라고 했을 때, 성미는 빈 의자를 바라보며 "아빠, 나도 사랑받고 보호받을 권리가 있어요……. (통곡하며) 이렇게 말하고 싶어요. 그리고 선생님께 하고 싶은 말은……. 선생님, 내가 복수할 거예요."라고 말하였다. 아빠와 선생님에게 듣고 싶은 말에 대해서는 "저 사람들은 내게 사과하지 않을 게 뻔해요."라며 회의적인 답변을 하였다.

세 번째 회상에서는 고등학교 때 동생 친구의 삼촌이 친절하게 대해 줘서 가깝게 지냈는데 결국 자신을 성추행했던 사건을 언급했다. "나쁜 새끼. 죽여 버리고 싶어. 선생님, 그 자식이 제 동생도 성폭행해서 구치소 갔어요. 나를 성추행하고 동생까지……. 저는 동생을 지키지 못했어요. 아빠가 저보고 동생을 지키지 못했으니 조용히 그렇게 살라고 했어요……. 동생이 그 사람 만나러 가면서 나를 속인 게 화가 나서 따졌었는데 동생한테 너무 미안해요……. 동생이 말하기를 집에 가면 아빠가 때리고, 학교에 가면 애들한테 따돌림 당하는데 선생님은 모른 척하고, 그래서 친구 집에 놀러 갔더니 친구 삼촌이 자신을 성폭행했다고 하는 거예요. 선생님, 나는 남자들이 다 싫어요."라고 말하며 통곡을 하였다. 집단 구성원 모두 아무 말도 할 수 없었고, 어떤 위로도 할 수 없는 침묵과 함께 눈물이 흘렀다.

이처럼 세 가지 회상을 통해 지금까지 성미가 상당한 수준의 분노와 고통 속에서 힘겹게 살아 왔음을 알 수 있었다. 또한 용기를 내어 미해결된 상처를 드러냄으로써 과거의 아픔을 딛고 새롭게 시작하고 싶은 소망이 얼마나 크고 간절한지를 보여준 것이다. 성미는 오랫동안 상처로 인한 부정적인 감정을 충분히 살피지 못하고 억압해 왔기 때문에 분노와 두려움을 적절히 수용하고 표현하지 못한 채 오히려 상황에 맞지 않는 공격적 행동으로 분노를 표출해 온 것이다.

2) 작업 · 결심 단계

성미는 집단 참여자들 중 분노, 적개심, 복수심이 가장 큰 것으로 나타났는데 작업 · 결심 단계에서 아버지에 대하여 용서를 실천하는 노력을 보여 주었다.

(1) 반응양식 변화의 필요성 인식하기

성미는 지금까지 아빠의 폭력에 반응했던 자신의 주된 감정을 분노와 적개심, 두려움, 우울이라고 이야기하며 평소 죽음과 사후세계에 대해 많이 생각하고 실제 자해 행동을 한 적이 있다고 고백하였다. 돌이켜 보면, 자신을 좋아하던 친구들도 있었지만 별일 아닌데도 친구들한테 무시당하는 것 같아 화내고 비난하기, 비아냥거리기, 공격하기 등의 행동을 하여 결국 주변에 아무도 없는 외톨이가 되었다고 했다.

성미는 아버지를 비롯한 여러 대인관계에서 공통적으로 적개심, 분노, 두려움 등의 감정과 상대방에게 복수하고 싶은 생각, 상대를 비난하거나 공격하고 관계를 단절하는 행동을 보였다. 또한 낮은 자존감과 자살 충동 및 피해의식을 보였으며 이러한 반응양식은 심리적으로나 관계적으로 역기능을 일으키는 위험요인이 되었다. 성미는 갈등 관계에서 자신이 보인 반응은 비난하기, 단절, 회피, 공격, 복수, 위장, 참기, 거부하기, 자해하기, 욕하기 등이고 아버지의 반응은 언어폭력, 신체폭력, 비난하기, 무시하기, 비아냥거림, 위협하기, 협박하기, 명령하기, 변덕부리기라고 말했다.

갈등 관계에서 사용해 온 반응양식을 확인하는 작업은 해결되지 않은 상처가 삶에 미치는 영향이 얼마나 부정적인지를 자각하고 성미 스스로 자신의 반응양식에 변화가 필요함을 인식하는 데 큰 도움이 되었다. 변화의 필요성을 인식한 후 새로운 대안으로 '진정한 용서'를 제안받았을 때 성미는 자신이 알고 있던 용서가 아닌 진정한 용서의 의미를 이해하게 되면서 아버지를 용서하기로 결단하는 긍정적 전환이 일어났다. "그동안 사람들을 가짜로 용서한 것 같고, 엄마의 강요에 의해서 용서할 때가 많아서 용서하고도 기분이 안 좋았어요. 그런데 이번에 진정한 용서를 배우면서 내가 한 용서가 가짜였다는 것과 진짜 용서가 무엇인지, 왜 용서를 해야 하는지 알게 되었어요."라고 성미는 말했다.

(2) 새로운 반응양식으로 용서 시도하기

성미는 적극적으로 용서를 시도해 나가면서 자신의 마음에 가득했던 부정적인 감정이 긍정적인 감정으로 변화됨을 경험하며 스스로 놀라고 신기해했다. 초기에는 스스로를 '화 감정 괴물'이라고 표현할 정도로 화를 참지 못하고, 충동적·공격적 행동을 하여 후회하고 갈등하는 모습을 보였지만 용서를 시도한 후에는 놀라울 정도로 마음에 평안과 희망이 생겼다고 이야기했다. 또한 아빠의 입장에서 느껴 본 후 폭력을 일삼던 아빠에 대해 이해하는 마음이 생긴 것을 보고했을 때 성미의 용서하기 과정이 점점 확대되고 공고해지고 있음을 알 수 있었다.

"용서하기 전에는 감정절제가 안 되어 분노가 활화산처럼 끓어서 죽이고 싶고, 죽고 싶은 마음이 가득했어요. 참을 수 없는 화로 인해 '화 감정 괴물'을 가둬 두는 감옥에 묶인 것처럼 날 풀어 줄 사람이 없다고 생각했는데 지금은 분이 풀리는 기분을 느껴서 신기해요. 또 '상대방 입장이 되어 느껴 보기'를 하면서 아빠가 편부가정에서 어렵고 힘들게 주변을 도우며 살았고, 다혈질에 급한 성격 때문에 별명이 '개'였다고 주변사람들에게 들었어요. 아빠가 왜 그렇게 폭력적인지 조금은 이해하게 되었어요."

이처럼 성미는 작업·결심 단계를 거치면서 아빠와 세상에 대한 증오심을 내려놓고, 편안한 마음을 되찾게 되면서 냉소적이고 신경질적이고 무기력했던 심리상태에서 벗어나 웃으며 최선을 다하는 사람이 되겠다는 용기와 희망을 가지게 되었다.

3) 심화단계: 의미화하기

심화단계에서 성미는 자신의 분노를 조절하는 방법과 대화할 때 존중하고 공감하는 의사소통 방식을 배우고 익히면서 참여자들에게 사람을 대하는 태도가 많이 부드러워졌다는 칭찬과 지지를 받고 기뻐했다. 실제로 성미는 자신이 변화되고 성장할 수 있다는 믿음과 자신감을 갖게 되면서 참여자들에게 자주 웃는 모습을 보였고, 말할 때 턱을 내미는 분노에 찬 행동이 줄어들었으며, 의식적으로 목소리 톤을 낮추어 말하는 등의 변화된 모습을 보여 주었다. 특히, 고의로 엄마와 주변사람들에게 억지를 부리며 논쟁했던 공격적인 태도에서 벗어나 자신의 분노를 조절하는 모습을 보인 것은 의미 있는 변화다. 앞으로는 자신을 더욱 소중히 여기고 계속해서 성장하는 사람이 되겠다는 의지를 밝히며 용서 프로그램을 마무리하였다.

"저는 살아있는 것에 의미를 갖게 되었고 삶의 주체가 나 자신이라는 것과 제게 삶의 목적과 꿈이 필요하다는 것을 깨달았어요. 또한 절망적인 상황에서도 희망과 신앙을 더 소중히 여겨야겠다고 생각했고, 앞으로는 내가 얼마나 소중한 사람인지 자꾸 생각하려 해요.

저는 처음에 용서하라고 강요하는 줄 알고 정말 싫었어요. '절대로 용서할 수 없어. 왜 내가 그 인간들을 용서해야 되는데…….'라고 따지고 싶었는데, 용서가 의무가 아닌 선택이라는 것을 배웠어요. 그리고 용서에 대해 배운 것을 생각하면서 용서하고 싶은 마음이 생겼어요. 용서하니까 마음이 편안해지고 희망이 생겼어요. 선생님, 정말 감사해요."

이로써 성미는 절대로 용서할 수 없다던 아버지를 진정으로 용서하게 되었고 오랫동안 휩싸여 있었던 분노에서 마침내 벗어날 수 있었다. 심화단계에서 성미는 진정한 용서의 의미뿐 아니라 자신의 존재 가치와 삶에 대한 희망을 발견하며 한층 성장한 모습을 보여 주었다.

4. 사례 4: 폭력적인 아들 용서하기[4]

명랑할머니의 행복 찾기

68세 명랑할머니[5]는 대학원 졸업 후 명문가에 시집을 갔으나 남편이 알코올중독에 폭력까지 일삼았다. 남편에 대한 원망이 컸지만 체면과 윤리를 중요하게 여기며 자식 교육에 전념하며 살아온 할머니는 남편 사망 이후 시골에서 혼자 지냈다. 그러던 중 이혼한 둘째 아들과 함께 살게 되었는데 아들이 자주 상소리를 하고 칼로 위협까지 하자 명랑할머니는 스스로

---

4) 추정인, 오미경(2014).
5) 집단 내에서 정한 별칭이다.

노인보호 전문기관을 찾아가서 쉼터에 입소하였다. 최근 할머니는 둘째 아들에 대한 원망과 걱정, 쉼터 입소자들과의 수준 차이로 갈등을 겪고 있었다. 특히, 프로그램에 참여한 산소할머니[6]의 거친 행동 때문에 화가 나고 불안한 상태였다.

명랑할머니가 참여한 용서 집단 프로그램은 엔라이트 모형을 기초로 기존의 용서 프로그램과 뇌체조, 명상, 호흡을 특징으로 하는 뇌교육 수련을 접목하여 구성하였다. 또한 용서 집단 프로그램은 '한'이나 '화병'과 같은 한국의 학대피해 노인의 특성과 70대의 연령대 및 낮은 지적 수준을 고려하였고, 기관과 프로그램 대상자들의 욕구를 반영하여 11회기로 재구성하였다.

용서 집단 프로그램은 용서과정 3단계(개방-작업·결심-심화)로 구성된 엔라이트 용서 프로그램을 토대로 도입 단계(1회기)를 추가하여 개방 단계(2, 3, 4, 5회기), 작업·결심 단계(6, 7, 8, 9회기), 심화 단계(10, 11회기)로 구성하였다.

프로그램의 각 단계별로 나타난 명랑할머니의 반응과 그 특성을 살펴보면 다음과 같다.

1) 도입 단계

치료자가 프로그램의 목적과 일정에 대해 안내를 하였고, 집단 성원들 간의 관계를 형성하면서 집단 목표를 명확히 하도록 하였다.

자기소개에서는 별칭을 정하고, 그 이유를 소개하였다. 명랑할머니는 별칭을 '명랑이'로 정하였다. 명랑이로 별칭을 정한 이유는 아들로부터 생명의 위협까지 느끼며 학대를 받아서 너무나 우울하고 힘이 들었는데 앞으로는 그런 상태에서 벗어나서 예전처럼 명랑하게 살고 싶었기 때문이었다.

---

6) 집단 내에서 정한 별칭이다.

2) 개방 단계

이 단계에서는 자신의 마음속을 들여다보고, 상처 경험 시 어떤 반응을 보이며 어떻게 대처하는지, 그러한 대처가 어떤 효과가 있는지 자각한 것을 표현하고 평가하였다.

- 보내지 않는 편지쓰기와 나눔: 평소 표현하지 못하고 가슴에 맺힌 말을 영상편지로 쓰고 발표한 후 나눔을 하였다. 명랑할머니는 간략하게 "사랑하는 아들에게. (한숨을 쉬었다가 울먹이며) 나는 잘 있으니 잘 지내게……."라고 하였다.

- 마음속 들여다보기: 자신에게 상처를 준 상대와 그에게 하고 싶은 말, 상대방을 떠올릴 때 정서적·신체적으로 어떤 변화가 있는지를 살펴보았다. 명랑할머니는 둘째 아들에게 '내가 사랑하는 불쌍한 양반'이라고 표현할 때 가슴이 아프다고만 하면서 다른 집단성원들을 의식하였다.

- HTP(집, 나무, 사람) 검사: 명랑할머니는 다리가 없는 채로 웃으면서 승리의 상징으로 손을 번쩍 든 사람을 나무와 집에 비해 크게 그렸다. 그리고 자신의 그림을 당당하게 가리키며 "이 사람은 앞으로 문화재해설가를 하면서 사람들을 힐링하는 나예요. 우리 집 옆의 나무는 죽은 남편과 아들 3명이에요."라고 말하였다.

  검사결과를 보면, 쉼터생활을 하면서도 매주 문화재해설가 교육을 다니는 명랑할머니의 꿈이 무척 크고, 자신에 대해 관심과 애정욕구를 보이는 것을 알 수 있었다. 그러나 감은 눈은 걱정에 사로잡혀 있음을, 코가 생략된 것은 우울함을, 물리적 환경의 통제자인 팔이 몸통에서 바깥으로 뻗어 있는 것은 공격성의 표출과 대인 환경에의 접촉 욕구를, 손가락이 5개가 안 된 것은 무력감으로 해석할 수 있다. 그리고 문을 그린 기와집은 평생 안정적인 환경에서 세상과 소통하며 주의를 끌려는 욕구를 상징한다고 볼 수 있다.

- 분노에 대한 대처방식 평가하기: 다른 집단성원들이 가해자에 대한 분노와 원망

으로 격하게 감정적인 반응을 보인 것과는 달리 명랑할머니는 "상대방에 대해 측은지심을 갖고 의연하고 공손하게 대처하였더니 문제가 악화되지 않았어요. 그러나 나를 학대한 둘째 아들은 어쩔 수 없네요."라고 하며 얄미울 정도의 인지적인 반응만 보이고, 자신의 정서적인 측면을 드러내지 않아 다른 집단성원들의 반감을 샀다.

- 뇌교육 수련(뇌체조, 호흡, 명상)과 건강교육(건강과 감정관리, 화병, 분노와 건강, 긍정에너지와 부정에너지)실시: 명랑할머니는 자신의 욕구를 반영한 건강교육과 건강관리를 위해 실질적인 체험을 하는 뇌교육 수련에 흥미와 집중도가 뛰어났다. 명랑할머니는 "어떻게 자식을 미워할 수가 있어요! 아무리 자식이 나한테 몹쓸짓을 했어도 그러면 안 되죠. 난 모든 것을 받아들입니다."라는 인지적 반응과 함께 체면을 중시하여 긍정적으로만 반응하며 자기를 방어하는 모습을 보였다.

3) 작업 · 결심 단계

이 단계에서는 상처 경험 시 대처와 문제해결 전략으로서 '용서'를 바르게 이해하고, 용서를 선택 · 결정하거나 용서에 대한 자신의 입장을 분명히 하였다.

- 용서에 대한 나의 반응과 경험 나누기: '용서'라는 단어를 떠올리는 순간 어떤 생각과 어떤 기분이 드는지에 대해 명랑할머니는 "용서는 누군가를 사랑하는 것이고, 기분이 좋아진다."고 하였다.

  용서받은 경험을 나눌 때, 명랑할머니는 "어려서 신발을 가지런히 놓지 않았다고 아버지에게 크게 혼이 나서 힘들었는데 아버지에게 용서를 받고 난 후 마음이 편안해졌어요."라고 하였다. 그리고 용서해 준 경험을 나눌 때, "둘째 아들이 고등학교 다닐 때 닭벼슬 머리를 해서 사람들에게 너무나 창피했고, 나의 기준으로는 용서가 안 됐는데……. 아들이 머리를 잘라 주어서 고마웠고……. 그래서 용서가 됐어요."라고 하였다. 따라서 명랑할머니는 상대방이 먼저 변해야 용서가 된다는 조건적인 용서의 양상을 보였다.

- 용서에 대한 이해(용서의 의미, 거짓용서와 진정한 용서): 교육 후 퀴즈를 내서 잘한 사람에게 상품을 주었더니 명랑할머니는 흥미를 갖고 참여하였다. 이때 명랑할머니는 용서의 의미가 '사랑'이라고 하였다.

- 용서의 필요성과 방해하는 것들 알아보기: 용서가 왜 필요한지, 그리고 용서를 한다는 것이 상대방에게 어떻게 하는 것인지 묻는 질문에 명랑할머니는 '내 자신을 위해서, 사랑을 베푸는 것'이라고 하였다. 그리고 용서하는 데 방해되는 것은 '자존심'이라고 하였으며, 용서에 대한 방해물을 극복하기 위해서는 자존심을 내려놓아야 한다고 하였다.

- 용서 선택하기(용서 서약서 작성): 집단성원들이 지금까지의 프로그램 과정을 통하여 용서의 장점과 진정한 용서에 대한 이해가 깊어지면서 용서에 대한 결정이 이루어지고, 용서 과정이 촉진되는 것으로 나타났다. 그 결과 명랑할머니는 '자신에게 상처를 준 상대방에 대해 갖는 부정적인 감정과 생각 및 행동을 이겨 내고, 상대방이 그럴만한 자격이 없음에도 사랑의 마음으로 그 사람을 이해하고 존중하며 잘 되기를 바라는 것이 진정한 용서'임을 자각하게 되어 용서를 선택하게 되었다. 그리고 용서의 결정을 구체적인 서약서로 작성하였다.

학대 피해 경험으로 인한 부정적 반응을 자각·표현하고 용서에 대한 분명한 이해를 바탕으로 용서를 선택했거나 또는 결정하지 못했어도 용서를 촉진하기 위해서는 용서 작업이 이루어져야 하기 때문에 다음과 같이 생각·감정·행동 다루기 작업이 진행되었다.

- 생각 다루기: 명랑할머니는 '사실 바로 보기'로 착시현상 그림 자료를 통하여 자

신이 보고 생각하는 것이 사실이 아닐 수 있음에 크게 놀라며 흥미를 갖게 되었다. 그리고 가해자에게 느껴지는 생각과 감정을 알아보는 '나의 생각 점검하기'와 비합리적인 생각을 합리적인 생각으로 바꾸는 '생각 전환하기'에서 명랑할머니는 자신의 관점이나 자기가 얽매여 있는 상황에서 벗어나 새로운 눈으로 상대와 상황을 바라보는 것이 용서 촉진에 효과적임을 알게 되었다.

명랑할머니는 집단성원 중 산소할머니가 쉼터의 퇴소를 앞두고 자식들과 연락이 안 되어 욕을 하고 거친 행동하는 것을 보며 고상한 자신의 삶과 다른 모습에 스트레스를 받았다. 산소할머니와 갈등상황에 있던 명랑할머니는 산소할머니의 표면에 드러나는 모습만이 전부가 아님을 자각하면서 "내가 지금까지 살아온 입장에서 납득이 안 되는 저 사람의 거친 행동을 보며 솔직히 무시하기도 했는데……. 지금은 자식들에게 상처받아 여기 쉼터까지 온 산소할머니나 나나 다를 게 뭐가 있나 싶어요. 그래서 산소할머니의 심정도 이해하게 됐어요. 내가 미안해요." 하며 산소할머니와 화해하였고, 자신이 갖고 있는 생각이 비합리적임을 깨닫게 되었다.

• 감정 다루기: 다양한 음악을 듣고 이에 따른 자신의 감정 상태를 파악하고 표현하게 하였는데, 명랑할머니는 "음악이 나의 마음을 대변해 주는 것 같아요. 음악에 따라 내 마음도 변하는 것 같아요."라고 말하며 흥미를 갖고 집중하였다.

• 상대방의 입장이 되어 느껴 보기: 과거에 공감을 받았던 긍정의 경험을 되새기고, 자신을 힘들게 했던 가해자가 되어 느껴 보기를 명상과 빈 의자 기법을 통해 실시하였다. '빈 의자 기법'에서 집단성원들이 서로 역할을 바꿔 가며 참여하였는데, 명랑할머니는 다른 집단성원의 아들 역할을 하면서 상대방에 대해 공감을 하고 눈물을 흘렸으며, 또한 집단성원들끼리 동병상련을 느끼며 서로 감싸안고 목놓아 울었다. 이로써 집단경험을 통해 대인관계가 긍정적인 공동체 관계로 확장됨을 알 수 있었다.

- 따뜻한 마음 품기: 이후 음악과 명상메시지를 활용하여 자신을 힘들게 한 대상에게 따뜻한 마음 품기가 진행되었는데, 명랑할머니는 양손으로 자신의 가슴을 감싸며 온화한 표정을 지은 채 "편안하게 앉아 눈을 감고 심호흡을 하시기 바랍니다. 점점 따뜻해지고, 편안한 감각에 집중하시기 바랍니다. 나에게 상처를 준 사람을 생각하며 천천히 그 사람을 마음속으로 데려옵니다. 그리고 다음과 같이 말합니다. '나는 아들이 행복하고 평안하기를 소망합니다.'"라는 긍정의 명상메시지를 수용하였다.

- 다른 사람으로부터 용서받을 필요성 느끼기: 긍정적으로 공감한 후 명랑할머니는 "나를 칼로 위협하던 아들에 대해 솔직히 죽이고 싶을 정도로 밉기도 하지만 한편으로는 측은지심을 느껴요."라고 하면서 지금까지 자신과 남에게 잘 보이려 했던 자기 자신을 있는 그대로 솔직하게 보게 된 것이 용서의 시작이라고 하였다.

- 행동 다루기: 상처 준 사람에 대한 용서를 선택하고 행동화함으로써 결국 용서가 자신에게 긍정의 선물임을 자각하게 하였다. 세부적인 프로그램인 '용서와 화해 결정하기'에서 명랑할머니는 용서를 결정하였고 자신에게 주는 선물로 '용서'를 선택하였다. 또한 '상처 준 사람에게 선물 주기'에서 자신을 죽이려 하였던 아들에게 '따스한 미소'를 선물로 선택하면서 이러한 과정들에 고통이 수반되는 것도 자신들의 행복을 위해 감내하여야 한다고 하였다.

4) 심화 단계

이 단계에서는 용서 과정을 전반적으로 정리하고 재검토하여 용서의 유익과 가치를 재음미한 후, 현재 명랑할머니의 긍정적인 '생각 · 감정 · 행동' 상태를 점검하였다. 명랑할머니는 프로그램이 끝난 후에도 용서 집단 프로그램에서 경험하고 배웠던 것들을 생활 속에서 적용할 수 있을 것이라는 소감을 나누었다.

아들로부터 생명의 위험에 이를 정도의 학대를 받아 자발적으로 쉼터를 찾아 입소한 명랑할머니의 경우, 지적인 면과 자신의 문제를 스스로 해결하고자 하는 힘이 강점으로 작용하여 집단이라는 공동체 관계 속에서 용서가 촉진된 사례다.

　용서 집단 프로그램의 종결과 함께 쉼터에서 퇴소한 후 1년이라는 시간이 지난 지금, 강점이 많았던 명랑할머니는 아들과는 정서적으로 분리된 상태에서 따로 생활하고 있고, 예전보다는 마음 편한 상태에서 세상 사람들의 마음을 따뜻하게 하는 문화재 해설가로 활동하며 열심히 살고 있다.

부록

프로그램 활동지

1회기

마음 열고 나누기

자신과 타인과 세상을 향해 마음을 여는 것,

그것은 치유를 향한 첫걸음이다.

-김광수-

1-1 참여 규칙 정하기 별칭:

😀 참여 과정에서 함께 지켜야 할 약속을 정하고, 참여 이유와 기대(목표)에 대하여 이야기 나누어 보세요.

함께 지켜야 할 약속

진: 진솔하게 표현하기

성: 성실하게 끝까지 참여하기

존: 타인의 의견 존중하기

경: 경청하고 이해하기

비: 비밀 지키기

기타: _____

_____

참여 이유와 기대(목표)

_____

_____

_____

_____

1-2 장점 찾기

별칭:

👄 다음 풍경화 속에서 사람의 얼굴이 보이나요? 몇 명이나 보이나요?

출처: 이민규(2004), p. 170.

이 풍경화에는 모두 13명의 얼굴이 숨겨져 있습니다. 보려고 애쓸 때 보입니다. 그래서 이 그림의 제목은 '보려고 해야 보인다' 입니다. 마찬가지로 누군가의 장점도 찾으려고 노력해야 눈에 띕니다.

👄 여러분이 생각하는 자신의 장점은 무엇인가요? 자신의 장점을 가급적 많이(5~10가지) 찾아서 적어 보세요.

1회기 참여일지

별칭:

1. 지금 나의 마음은 어떤지 해당 점수에 O표한 후 한 마디로 표현해 보세요.

☹					☺					☺
0	1	2	3	4	5	6	7	8	9	10

지금 나의 마음은 _____

2. 오늘 나는 얼마나 다른 사람에게 공감했는지 해당 점수에 O표 해 보세요.

☹					☺					☺
0	1	2	3	4	5	6	7	8	9	10

3. 오늘 나는 얼마나 진솔했는지 해당 점수에 O표 해 보세요.

☹					☺					☺
0	1	2	3	4	5	6	7	8	9	10

4. 오늘 나는 얼마나 다른 사람을 존중했는지 해당 점수에 O표 해 보세요.

☹					☺					☺
0	1	2	3	4	5	6	7	8	9	10

5. 오늘 집단에 참여한 소감을 적어 보세요. (느낀 점, 도움이 된 점, 생활에서 실천하고 싶은 점, 나 자신이나 다른 집단성원에 대해 새롭게 자각하거나 발견한 점 등)

_____

_____

_____

_____

2회기

나 자신과 인간관계 돌아보기

인생은 베틀로 짜인 복잡한 무늬의 융단과 같다.
유전, 환경, 성장기 경험, 부모님, 선생님, 친구의 영향,
인생의 모든 장애물들……. 이 모두가 베틀의 씨줄이 되고
당신은 날줄이 되어 씨줄 위를 왔다 갔다 하는 것이다.
−데이비드 A. 시맨즈−

2-1 인간관계 마인드맵

별칭:

🙂 인간관계에 대해 떠오르는 대로 자유롭게 적어 보세요.

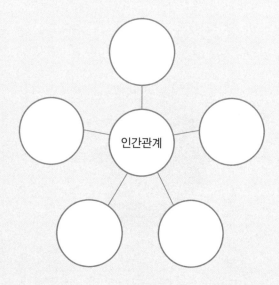

1. 인간관계란 무엇일까요?

_____

_____

2. 인간관계는 왜 중요할까요?

_____

_____

2-2 관계 돌아보기

별칭:

● 과거나 현재의 관계 중에서 나에게 도움이 되었던 사람에 대해 생각해 보세요.

1. 누구와 어떤 일이 있었나요?

_____

_____

_____

2. 어떤 점이 도움이 되었나요?

_____

_____

_____

● 과거나 현재의 관계 중에서 나를 힘들게 했던 사람에 대해 생각해 보세요.

1. 누구와 어떤 일이 있었나요?

_____

_____

_____

2. 어떤 점이 힘들었나요?

_____

_____

_____

2회기 참여일지   별칭:

1. 지금 나의 마음은 어떤지 해당 점수에 ○표한 후 한 마디로 표현해 보세요.

☹					☺					☺
0	1	2	3	4	5	6	7	8	9	10

지금 나의 마음은 _____

2. 오늘 나는 얼마나 다른 사람에게 공감했는지 해당 점수에 ○표 해 보세요.

☹					☺					☺
0	1	2	3	4	5	6	7	8	9	10

3. 오늘 나는 얼마나 진솔했는지 해당 점수에 ○표 해 보세요.

☹					☺					☺
0	1	2	3	4	5	6	7	8	9	10

4. 오늘 나는 얼마나 다른 사람을 존중했는지 해당 점수에 ○표 해 보세요.

☹					☺					☺
0	1	2	3	4	5	6	7	8	9	10

5. 오늘 집단에 참여한 소감을 적어 보세요. (느낀 점, 도움이 된 점, 생활에서 실천하고 싶은 점, 나 자신이나 다른 집단성원에 대해 새롭게 자각하거나 발견한 점 등)

_____

_____

_____

3회기

상처 마주하기

그 누구에게도 과거가 현재를
가두는 감옥이어서는 안 된다.
과거를 바꿀 수는 없으므로 우리는
어떻게 해서든 과거의 아픈 기억을
해소할 길을 찾아야 한다.
-프레드 러스킨-

3-1 상처 체크리스트

별칭:

우리는 살면서 누군가에게 상처를 받아 힘들고 아플 때가 있습니다. **어떤 사람이 나를 너무나 부당하게, 그리고 상당히 힘들고 아프게 했던 최근의 경험을 한 가지만** 생각해 보세요. 어렵겠지만 언제, 어떤 일이 일어났는지, 그 일이 나에게 어떤 영향을 미치고 있는지를 자세히 떠올려 보세요. 그 후에 아래의 질문에 대답하세요.

1. 언제 그 일이 발생했나요?

　　　＿＿＿＿＿ 일 전　　＿＿＿＿＿ 주 전　　＿＿＿＿＿ 달 전　　＿＿＿＿＿ 년 전

2. 그 일로 인해 당신은 얼마나 상처를 받았나요?

1	2	3	4	5
상처받지 않음	약간 상처받음	상처 받음	많이 상처 받음	매우 많이 상처 받음

　① 2번 질문에 대해서 3점 이상인 경우에만 다음 질문으로 넘어가세요.
　② 3점 이하인 경우에는 심하게 상처받았던 경험을 다시 한 번 잘 생각해 보고, 1번 질문부터 다시 시작하세요.

3. 누구와 어떤 일이 있었나요? 최대한 구체적으로 적어 보세요.

＿＿

＿＿

4. 그 일이 당신에게 어떤 상처를 주었나요? 그 상처가 당신에게 미치는 영향은 무엇인가요? 최대한 구체적으로 적어 보세요.

＿＿

＿＿

지금 나의 마음은?   별칭:

😀 다음 문항은 당신이 받은 상처와 상처를 준 사람에 대해서 지금 어떻게 생각하고, 느끼고, 행동하는지에 대한 것입니다. 각 문항에서 자신을 가장 잘 나타내 주는 곳에 ○ 표 하세요. 모든 문항에 솔직하게 답해 주시기 바랍니다.

내 용	매우 그렇지 않다	대체로 그렇지 않다	그저 그렇다	대체로 그렇다	매우 그렇다
1. 그 사람에 대한 미움이 남아 있다.					
2. 그 사람을 봐도 마음이 편안하다.					
3. 그 사람을 보면 화가 난다.					
4. 그 사람을 봐도 아무렇지 않다.					
5. 그 상처를 잊기 어렵다.					
6. 그 일로 인해 사람을 경계하게 되었다.					
7. 그 사람과 웃으며 이야기할 수 있다.					
8. 그 사람을 형식적으로 대한다.					
9. 그 사람에게 잘해 주려고 노력한다.					
10. 그 사람에게 편하게 연락한다.					

3회기 참여일지   별칭:

1. 지금 나의 마음은 어떤지 해당 점수에 ○표한 후 한 마디로 표현해 보세요.

☹					☺					☺
0	1	2	3	4	5	6	7	8	9	10

지금 나의 마음은

2. 오늘 나는 얼마나 다른 사람에게 공감했는지 해당 점수에 ○표 해 보세요.

☹					☺					☺
0	1	2	3	4	5	6	7	8	9	10

3. 오늘 나는 얼마나 진솔했는지 해당 점수에 ○표 해 보세요.

☹					☺					☺
0	1	2	3	4	5	6	7	8	9	10

4. 오늘 나는 얼마나 다른 사람을 존중했는지 해당 점수에 ○표 해 보세요.

☹					☺					☺
0	1	2	3	4	5	6	7	8	9	10

5. 오늘 집단에 참여한 소감을 적어 보세요. (느낀 점, 도움이 된 점, 생활에서 실천하고 싶은 점,
   나 자신이나 다른 집단성원에 대해 새롭게 자각하거나 발견한 점 등)

4회기

상처의 영향 자각하기

분노는 타인에게도 해롭지만,
분노에 사로잡혀 있는 자신에게는 더욱 해롭다.
−톨스토이−

4-1   상처의 영향 자각하기   별칭:

다음에 열거된 상처와 상처에 대한 반응을 살펴보고 자신과 관련된 내용에 자유롭게 체크해 보세요.

상 처	상처에 대한 반응
무시, 비난, 조롱, 경멸, 학대, 폭력, 거부, 미움, 따돌림, 차별, 놀림, 폭언, 명령, 억지, 핑계, 무책임, 배신, 비교, 거짓말, 강요	• 정서: 분노, 우울함, 불안함, 슬픔. 억울함, 수치감, 혼란감. 산만함, 서글픔, 두려움 • 사고: 미칠 것 같음. 죽이고 싶음. 죽고 싶음, 복수하고 싶음, 보고 싶지 않음 • 행동: 두려워하기. 괴로워하기, 화내기. 미워하기, 억압하기, 화풀이하기, 소리 지르기
기타:	기타:

1. 자신이 받은 주요 상처와 상처받은 이후 나타난 반응은 무엇인지 이야기해 보세요.

2. 상처와 그에 대한 반응이 나의 삶에 어떠한 영향을 미쳤는지 구체적으로 생각해 보세요.

    – 신체적 측면:

    – 심리적 · 정신적 측면:

    – 관계적 측면(가정/직장):

3. 활동을 마무리하면서 어떤 느낌이 드는지 이야기해 보세요.

4-2 대처방식 점검하기   별칭:

💧 갈등을 겪거나 분노를 느낄 때 여러분이 자주 사용하는 대처방식은 무엇인가요?

> **대처방식 예시**
> 도피하기, 욕하기, 남 탓하기, 반복해서 생각하기, 회피하기, 술 마시기, 공격하기,
> 집착하기, 무시하기, 따돌리기, 합리화하기, 불쌍히 여기기, 폭언하기, 요구하기,
> 회유하기, 의심하기, 잊어버리기, 자기비하하기, 억압하기, 기도하기, 운동하기,
> 산책하기, 호흡하기, 명상하기, 수다 떨기, 노래방 가기

1. 위의 예를 참고하여 자신이 자주 사용하는 대처방식을 떠올려 보고 얼마나 도움이 되었는지 다음 체크리스트를 작성해 보세요.

내가 사용한 대처방식	전혀 효과가 없다	별로 효과가 없다	보통 이다	어느 정도 효과가 있다	매우 효과가 있다

2. 체크리스트를 작성하면서 어떤 생각과 느낌이 들었는지 이야기해 보세요. 자신이 자주 사용하는 대처방식이 자신이 원하는 것을 얻는 데 효과적이라고 생각하나요?

3. 자신에게 새로운 대안이나 변화된 방식이 필요한지 필요하지 않은지, 그 이유는 무엇인지 생각해 보세요.

   • 나에게 새로운 대처방식이 필요하다. (○, ×)

   • 그 이유는 무엇인가요?

4회기 참여일지   별칭:

1. 지금 나의 마음은 어떤지 해당 점수에 ㅇ표한 후 한 마디로 표현해 보세요.

☹					☺					☺
0	1	2	3	4	5	6	7	8	9	10

지금 나의 마음은 _____

2. 오늘 나는 얼마나 다른 사람에게 공감했는지 해당 점수에 ㅇ표 해 보세요.

☹					☺					☺
0	1	2	3	4	5	6	7	8	9	10

3. 오늘 나는 얼마나 진솔했는지 해당 점수에 ㅇ표 해 보세요.

☹					☺					☺
0	1	2	3	4	5	6	7	8	9	10

4. 오늘 나는 얼마나 다른 사람을 존중했는지 해당 점수에 ㅇ표 해 보세요.

☹					☺					☺
0	1	2	3	4	5	6	7	8	9	10

5. 오늘 집단에 참여한 소감을 적어 보세요. (느낀 점, 도움이 된 점, 생활에서 실천하고 싶은 점, 나 자신이나 다른 집단성원에 대해 새롭게 자각하거나 발견한 점 등)

_____

_____

_____

_____

새로운 눈으로 바라보기

이해하는 것은 곧 용서하는 것이다.

-알렉산더 체이즈-

5-1 ( )의 삶 　　　　별칭:

● 당신에게 상처 준 사람의 이름을 (　) 안에 쓰고, 다음을 중심으로 그 사람의 삶에 대해 최대한 자세하게 써 보세요.

1. 그 사람의 성장과정(삶의 과정)은 어떠했나요? 그 사람이 어린아이였을 때, 청소년이었을 때, 성인이 되었을 때 어떠했나요? 구체적인 사건을 예로 들면서 써 보세요.

_____

_____

2. 당신에게 상처를 줄 당시, 그 사람의 삶은 어땠을까요? 구체적인 사건을 예로 들면서 써 보세요.

_____

_____

3. 상대방의 장점을 세 가지만 써 보세요.

_____

_____

4. 상대방의 단점을 세 가지만 써 보세요.

_____

_____

5-2 새로운 눈으로 바라보기   별칭:

💭 내게 상처를 준 사람에 대해서 새롭게 알게 된 것이 있나요?

_____

_____

_____

_____

_____

💭 어떻게 해서 그 사람은 내게 상처를 주게 되었나요? 어떤 것들이 내게 상처를 주는 데 영향을
미쳤나요?

_____

_____

_____

_____

_____

비합리적인 사고 바꾸기　　　　별칭:

🌑 다음에 제시된 비합리적인 생각을 합리적인 생각으로 바꾸어 보세요.

1. 내가 바라는 대로 되지 않으면 불행하다.

  → _____

2. 평생 사랑할 것처럼 굴어놓고 변심을 하다니, 어떻게 그럴 수 있어? 있을 수 없는 일이야!

  → _____

3. 사람은 절대로 남에게 상처를 주면 안 돼!

  → _____

🌑 나의 비합리적 사고를 찾아보고, 합리적 사고로 바꾸어 보세요.

1. _____

  → _____

2. _____

  → _____

3. _____

  → _____

5-4 내가 상처를 주었던 경험

별칭:

😔 살아가면서 우리는 다른 사람에게 잘못하고 상처를 줄 때가 있습니다. 내가 누군가에게 잘못하고 상처를 주었던 경험에 대해서 생각해 보세요.

1. 언제, 누구와 무슨 일이 있었나요?

_____

_____

_____

2. 그 일은 나와 상대방에게 어떤 영향을 미쳤나요?

_____

_____

_____

3. 이런 경험이 나에게 상처를 준 사람에 대한 생각과 태도에 어떤 영향을 미치고 있나요?

_____

_____

_____

5회기 참여일지

별칭:

1. 지금 나의 마음은 어떤지 해당 점수에 ○표한 후 한 마디로 표현해 보세요.

☹️ 🙂 😊
0   1   2   3   4   5   6   7   8   9   10

지금 나의 마음은 _____

2. 오늘 나는 얼마나 다른 사람에게 공감했는지 해당 점수에 ○표 해 보세요.

☹️ 😐 😊
0   1   2   3   4   5   6   7   8   9   10

3. 오늘 나는 얼마나 진솔했는지 해당 점수에 ○표 해 보세요.

☹️ 😐 😊
0   1   2   3   4   5   6   7   8   9   10

4. 오늘 나는 얼마나 다른 사람을 존중했는지 해당 점수에 ○표 해 보세요.

☹️ 😐 😊
0   1   2   3   4   5   6   7   8   9   10

5. 오늘 집단에 참여한 소감을 적어 보세요. (느낀 점, 도움이 된 점, 생활에서 실천하고 싶은 점, 나 자신이나 다른 집단성원에 대해 새롭게 자각하거나 발견한 점 등)

_____

_____

_____

_____

6회기

새로운 마음으로 느껴 보기

용서와 동정이 있으면 사는 것이 쉬워진다.

-크렉 T. 넬슨-

6-1 공감하기   별칭:

 말

> '공감'이란 상대방의 감정이나 심리상태나 내적인 경험을 '마치 나의 것처럼' 이해하고,
> 매 순간 함께 느끼고 이를 표현해 주는 것을 말합니다. 즉, 자신의 관점에서 벗어나 상대방의
> 관점이나 태도를 취해 보는 것, 다른 사람의 감정이나 느낌에 대해 반응을 보이는 과정이 모
> 두 공감에 해당됩니다.

😊 힘들거나 궁지에 몰렸을 때 다른 사람으로부터 공감이나 지지를 받았던 상황을 각자 쪽지에 써
서 내고 무작위로 골라 읽은 후, 각자 공감한 내용을 돌아가면서 말해 보세요.

_____

_____

_____

_____

_____

_____

_____

_____

_____

_____

상대방에 대한 나의 감정 점검   별칭:

💿 잠시 동안 조용히 눈을 감고 나에게 상처를 준 사람을 생각해 보세요.

1. 그 사람이 나에게 상처를 주었을 때 느꼈던 감정은 어땠나요?

_____

_____

_____

2. 지금 이 순간, 그 사람에게 어떤 감정이 느껴지나요?

_____

_____

_____

3. 이 프로그램에 참석하여 상대방에 대한 이야기를 시작한 이후 그 사람에 대한 나의 감정에
   어떠한 변화가 있었나요?

_____

_____

_____

6회기 참여일지

별칭:

1. 지금 나의 마음은 어떤지 해당 점수에 O표한 후 한 마디로 표현해 보세요.

☹ ⊙ ☺
0   1   2   3   4   5   6   7   8   9   10

지금 나의 마음은

2. 오늘 나는 얼마나 다른 사람에게 공감했는지 해당 점수에 O표 해 보세요.

☹ ⊙ ☺
0   1   2   3   4   5   6   7   8   9   10

3. 오늘 나는 얼마나 진솔했는지 해당 점수에 O표 해 보세요.

☹ ⊙ ☺
0   1   2   3   4   5   6   7   8   9   10

4. 오늘 나는 얼마나 다른 사람을 존중했는지 해당 점수에 O표 해 보세요.

☹ ⊙ ☺
0   1   2   3   4   5   6   7   8   9   10

5. 오늘 집단에 참여한 소감을 적어 보세요. (느낀 점, 도움이 된 점, 생활에서 실천하고 싶은 점, 나 자신이나 다른 집단성원에 대해 새롭게 자각하거나 발견한 점 등)

7회기
새로운 행동 계획하기

당신에게 상처를 주는 사람을
당신의 마음에서 놓아 주라.
그들이 용서를 구할 때까지 기다리지 말라.
왜냐하면 용서는 그들보다
당신 자신을 위한 것이기 때문이다.
-릭 워렌-

용서 경험 별칭:

🌰 누군가에게 <u>용서받은</u> 경험이 있나요? 용서받았을 때 어떤 감정을 느꼈나요?

_____

🌰 누군가를 <u>용서한</u> 경험이 있나요? 용서했을 때 어떤 감정을 느꼈나요?

_____

🌰 용서란 무엇일까요?

_____

🌰 용서는 왜 필요할까요?

_____

7-2   [미니 강의] 진정한 용서의 의미 이해하기   별칭:

😀 다음 문장에 대해서 ○, ×로 답해 보세요.

1. 용서는 잊는 것이다. (   )
2. 용서는 참는 것이다. (   )
3. 용서하면 정의가 훼손된다. (   )
4. 용서하면 화해해야 한다. (   )
5. 용서는 나를 위한 것이다. (   )

😀 '진정한 용서'의 의미에 대하여 알아봅시다.

1. 다음 중 '진정한 용서'에 해당하는 것을 찾아보세요. (   )
   ① 상대방이 나처럼 피해를 입었을 경우에 용서하는 것
   ② 주위에서 용서하기를 기대하기 때문에 용서하는 것
   ③ 자발적으로 상대방을 이해하고 수용하는 마음으로 용서하는 것

2. '진정한 용서'는 자신에게 상처를 입힌 사람을 동정, 자비, 사랑의 눈으로 바라보도록 노력
   하는 과정에서 상대방에 대한 부정적인 반응을 극복하고 나아가 긍정적인 반응을 보이는 것
   입니다.

3. 용서는 일회적 행위가 아니라 '과정'입니다. 우리가 걸어온 과정을 체크해 보세요.

개방		결심 및 작업		심화
☐ 관계 돌아보기 ☐ 상처 마주하기 ☐ 상처의 영향 　　자각하기	⇨	☐ 새롭게 바라보기 ☐ 새롭게 느끼기 ☐ 용서 시도 결심하기 ☐ 새롭게 행동하기	⇨	☐ 변화 발견 ☐ 고통의 의미 ☐ 삶의 목적 ☐ 용서의 자유

7-3 선택과 결심   별칭:

🌑 예전에 당신이 받은 상처를 극복하기 위해 사용한 방법은 무엇이었나요? 그리고 그것은 얼마나
   효과가 있었나요?

1	2	3	4	5
전혀 효과가 없다	별로 효과가 없다	보통이다	어느 정도 효과가 있다	매우 효과가 있다

🌑 당신이 받은 상처를 극복하기 위해 용서를 시도할 마음이 얼마나 드나요?

1	2	3	4	5
전혀 안 든다	별로 안 든다	보통이다	어느 정도 든다	많이 든다

나에게 상처 준 사람을 용서하기로 선택했다면 다음 서약서를 작성해 보세요.

용서 시도 결심 서약서

나에게 부당하게 상처를 준 (   )를 용서하기로
결심하며 다음을 약속합니다.

1. 상대방에 대한 원한, 미움, 분노를 멈추겠습니다.

2. 상대방을 이해하고 공감하려고 노력하겠습니다.

3. 과거의 상처가 앞으로 우리의 관계에 영향을 미치지 않도록 노력하겠습니다.

년   월   일
서약자 :   (인)

🐚 진정한 용서는 자발적인 선택을 통하여 가능합니다. 아직은 용서하고 싶지 않다면 서약서 대신 용서하고 싶지 않은 이유, 상대방에 대한 생각이나 느낌, 현재 자신의 심정을 솔직하게 작성하면 됩니다.

지금 내 마음은

상대에게 주고 싶은 선물   별칭:

😊 나에게 상처를 준 사람에게 주고 싶은 선물 목록을 작성해 보고 어떻게 느껴지는지 체크해 보세요.

선물 목록	아주 편안함	조금 편안함	별로 편안하지 않음	전혀 편안하지 않음

> **선물 목록 예시**
> 비난하지 않기, 상대방의 장점 찾기, 기도하기, 눈 맞추며 반갑게 인사하기, 미소 짓기,
> 먼저 안부 묻기, 먼저 말 걸기, 상대방의 이야기를 귀 기울여 듣기, 작은 선물 전하기,
> 함께 식사하기

😊 실천 가능한 범위에서 선물 전달을 계획해 보세요.

누구에게	
언제	
무엇을	
어떻게	
상대방의 반응은 어떨까?	

7회기 참여일지

별칭:

1. 지금 나의 마음은 어떤지 해당 점수에 ○표한 후 한 마디로 표현해 보세요.

☹					☺					☺
0	1	2	3	4	5	6	7	8	9	10

지금 나의 마음은 _____

2. 오늘 나는 얼마나 다른 사람에게 공감했는지 해당 점수에 ○표 해 보세요.

☹					☺					☺
0	1	2	3	4	5	6	7	8	9	10

3. 오늘 나는 얼마나 진솔했는지 해당 점수에 ○표 해 보세요.

☹					☺					☺
0	1	2	3	4	5	6	7	8	9	10

4. 오늘 나는 얼마나 다른 사람을 존중했는지 해당 점수에 ○표 해 보세요.

☹					☺					☺
0	1	2	3	4	5	6	7	8	9	10

5. 오늘 집단에 참여한 소감을 적어 보세요. (느낀 점, 도움이 된 점, 생활에서 실천하고 싶은 점,
   나 자신이나 다른 집단성원에 대해 새롭게 자각하거나 발견한 점 등)

_____

_____

_____

_____

8회기
계속되는 용서 여정

용서의 여정에 나서기로 결단을 내리든
내리지 않든 위험은 존재한다.
하지만 용서의 끝에는
찾아낼 만한 가치가 있는 보물이 묻혀 있다.
-에버렛 워딩턴-

8-1 얼마나 용서했을까?

별칭:

🥚 다음 문항들은 당신이 받은 상처와 상처를 준 사람에 대해서 지금 어떻게 생각하고 느끼고 행동하는지에 대한 것입니다. 각 문항에 대해서 자신을 가장 잘 나타내는 곳에 ○표 해 보세요. 모든 문항에 솔직하게 응답해 주세요.

내용	매우 그렇지 않다	대체로 그렇지 않다	그저 그렇다	대체로 그렇다	매우 그렇다
1. 그 사람에 대한 미움이 남아 있다.	1	2	3	4	5
2. 그 사람을 봐도 마음이 편안하다.	1	2	3	4	5
3. 그 사람을 보면 화가 난다.	1	2	3	4	5
4. 그 사람을 봐도 아무렇지 않다.	1	2	3	4	5
5. 그 상처를 잊기 어렵다.	1	2	3	4	5
6. 그 일로 인해 사람들을 경계하게 되었다.	1	2	3	4	5
7. 그 사람과 웃으며 이야기할 수 있다.	1	2	3	4	5
8. 그 사람을 형식적으로 대한다.	1	2	3	4	5
9. 그 사람에게 잘 해주려고 노력한다.	1	2	3	4	5
10. 그 사람에게 편하게 연락한다.	1	2	3	4	5

참조: 오영희(2011).

※ 채점 방법
① 2번, 4번, 7번, 9번, 10번의 점수를 더하세요.
② 1번, 3번, 5번, 6번, 8번은 점수를 역으로 바꾸어서 더하세요.
　(예: 1점 → 5점, 2점 → 4점, 4점 → 2점, 5점 → 1점) ①과 ②의 점수를 더하여 총점을 구하세요. 총점은 얼마인가요?

※ 총점 해석 기준
① 22점 이하는 낮은 수준입니다. 당신은 아직도 상처를 많이 받고 있으며, 그 때문에 당신의 생각과 감정과 행동이 부정적입니다. 당신은 치유가 많이 필요하므로 천천히 용서 과정을 거치기 바랍니다.
② 23~32점은 보통 수준입니다. 당신이 상대방을 어느 정도 용서했다는 것을 의미합니다. 상처에서 완전히 벗어나기 위해서는 용서하기 과정을 거칠 필요가 있습니다.
③ 33점 이상은 높은 수준입니다. 당신은 이미 많이 용서하고 있으며 당신이 원한다면 이번 상처에 대해서는 용서하기 과정을 수행하지 않아도 됩니다. 그러나 상대방을 더 용서하고 싶다면 그 상처를 대상으로 용서하기의 과정을 따라가도 좋습니다.

용서 여정 되돌아보기

별칭:

● 그동안의 용서 여정에서 나타난 긍정적인 변화와 미해결 과제에 대하여 생각해 보세요.

1. 프로그램을 통해 배우거나 깨달은 것은 무엇인가요?

_____

_____

2. 나에게 상처를 준 사람에 대한 생각이나 감정이 어떻게 달라졌나요?

_____

_____

3. 나에게 상처를 준 사람과의 관계에서 앞으로 어떻게 대처하고 싶나요?

_____

_____

4. 나에게 상처를 준 사람을 용서하는 데 있어 걸림돌이 있다면 무엇인가요?

_____

_____

5. 걸림돌을 어떻게 극복해 나가면 좋을까요? (참고자료 활용)

_____

_____

8-3 프로그램 성과 평가

별칭:

🌑 그동안 용서 프로그램에 참여하면서 얼마나 성과가 있었는지 잘 생각해 보면서 다음 문항에 답하세요.

	내 용	매우 도움 됨	약간 도움 됨	보통	별로 도움 안 됨	전혀 도움 안 됨
1	이 프로그램에 대한 전체적인 나의 평가는 어떤가요?					
2	이 프로그램은 나의 상처받은 마음을 회복하는 데 얼마나 도움이 되었나요?					
3	이 프로그램은 나에게 상처를 준 사람에 대한 태도 변화에 얼마나 도움이 되었나요?					
4	이 프로그램은 나의 인간관계 변화에 얼마나 도움이 되었나요?					
5	이 프로그램은 내가 행복한 삶을 살아가는 데 얼마나 도움이 되었나요?					

순	활 동	순	활 동	순	활 동	순	활 동
1-1	참여 규칙 정하기	3-1	상처 준 대상 직면하기	5-1	상대방의 삶 살펴보기	7-1	진정한 용서의 의미 이해하기
1-2	장점 관련 별칭 짓고 소개하기	3-2	부정적 감정 자유롭게 표현하기	5-2	비합리적인 사고 바꾸기	7-2	선택과 결심 (서약서)
1-3	참여 이유와 기대·목표 나누기	3-3	화병 동영상 시청	6-1	공감하기	7-3	상대방에게 주고 싶은 선물
2-1	나 자신을 이해하기	4-1	상처의 부정적 영향 자각하기	6-2	상대방에 대한 나의 감정 점검하기	8-1	용서 여정 되돌아보기
2-2	나의 인간관계 돌아보기	4-2	대처방식 점검하기	6-3	상대방의 입장이 되어 느껴보기	8-2	칭찬세례

1. 가장 도움이 되었던 활동의 번호를 쓰고, 그것을 선택한 이유를 쓰세요.

2. 가장 힘들었거나 참여하기 어려웠던 활동의 번호를 쓰고, 그것을 선택한 이유를 쓰세요.

3. 프로그램 개선을 위한 제안 사항이 있으면 적어 주세요.

4. 프로그램을 마치는 소감을 남겨 주세요.

8회기 참여일지

별칭:

1. 지금 나의 마음은 어떤지 해당 점수에 ○표한 후 한 마디로 표현해 보세요.

☹ ☺ ☺
0   1   2   3   4   5   6   7   8   9   10

지금 나의 마음은 _____

2. 오늘 나는 얼마나 다른 사람에게 공감했는지 해당 점수에 ○표 해 보세요.

☹ ☺ ☺
0   1   2   3   4   5   6   7   8   9   10

3. 오늘 나는 얼마나 진솔했는지 해당 점수에 ○표 해 보세요.

☹ ☺ ☺
0   1   2   3   4   5   6   7   8   9   10

4. 오늘 나는 얼마나 다른 사람을 존중했는지 해당 점수에 ○표 해 보세요.

☹ ☺ ☺
0   1   2   3   4   5   6   7   8   9   10

5. 오늘 집단에 참여한 소감을 적어 보세요. (느낀 점, 도움이 된 점, 생활에서 실천하고 싶은 점, 나 자신이나 다른 집단성원에 대해 새롭게 자각하거나 발견한 점 등)

_____

_____

_____

_____

참고문헌

김광수(1999). 용서교육 프로그램 개발. 서울대학교 박사학위 논문.

김광수(2008). 용서상담 프로그램: 아동 및 청소년의 또래 대인관계 문제 개선과 정서능력 개발을 중심으로. 서울: 학지사.

김교헌, 김경의, 김금미, 김세진, 원두리, 윤미라 외(2010). 젊은이를 위한 정신건강. 서울: 학지사.

김헌수, 김현실(2001). 재범 비행 청소년의 예측인자 분석. 신경정신의학, 40(2), 279-291.

김헌수, 김현실(2002). 한국청소년 음주 및 약물남용과 비행행동간의 상관관계. 신경정신의학, 41(3), 472-485.

박종효(2003). 용서와 건강의 관련성 탐색. 한국심리학회지: 건강, 8(2), 301-321.

박종효(2011). 용서, 행복에 이르는 길. 서울: 미래를 소유한 사람들.

손운산(2004). 치료, 용서 그리고 화해. 한국기독교신학논총, 35, 241-283.

손운산(2008). 용서와 치료. 서울: 이화여자대학교출판부.

오영희(2006). 한국인의 상처와 용서에 대한 조사, 교육심리연구, 20(2), 467-486.

오영희(2007). 청소년의 부모-자녀 갈등경험과 심리적 부적응과의 관계: 용서와 자아존중감의 매개효과. 교육심리연구, 21(3), 645-663.

오영희(2008) 한국인 용서 척도 개발을 위한 예비 연구. 한국심리학회지: 건강, 16(4), 1045-1062.

오영희(2015). 상처의 덫에서 행복의 꽃 피우기. 서울: 학지사

이경순(2008). 용서 과정에 대한 질적 연구: 근거이론을 중심으로. 한국심리학회지: 건강, 13(1),

237-252.

이민규(2004). 현대생활의 적응과 정신건강. 서울: 교육과학사.

최호정(2009). 여성의 부모 용서과정에 관한 근거이론 연구. 서울여자대학교 특수치료전문대
학원 박사학위논문.

추정인, 오미경(2014). 뇌교육수련을 활용한 학대피해 노인의 용서프로그램 적용에 관한 연
구-Enright 용서모델을 중심으로. 뇌교육연구, 13, 43-75.

현성용(2015). 현대심리학의 이해(3판). 서울: 학지사.

Ary, D. V., Duncan, T. E., Biglan, A., Metzler, C. W., Noell, J. W., Smolkowski, K.
(1999). Development of adolescent problem behavior. *Journal of Abnormal Child
Psychology, 27*(2). 141-150.

Baskin, T. W. & Enright, R. D. (2004). Intervention studies on forgiveness: A meta-
analysis. *Journal of Counseling & Development, 82*, 79-90.

Enright, R. D. (2001). *Forgiveness is a Choice.* Washington, D.C.: American Psychological
Association.

Enright, R. D., Knutson Enright, J. A., Holter, A. C., Baskin, T., & Knutson, C. (2007).
Waging peace through forgiveness in Belfast, Northern Ireland II: Educational
programs for mental health improvement of children. *Journal of Research in
Education, 17*(1), 63-78.

Enright, R. D., & North, J. (1998). *Exploring forgiveness.* Madison, WI: The University of
Wisconsin Press.

Enright, R. D., & The Human Development Study Group. (1996). Counseling within
the forgiveness triad: On forgiving, receiving forgiveness, and self-forgiveness.
Counseling and Values, 40, 107-126.

Freedman, S. A. (1994). Forgiveness education with incest survivors. Unpublished
doctoral dissertation, University of Wisconsin-Madison.

Glasser, W. (1986). *Control theory in the classroom.* New York: Harper & Row.

Gordon, K. C., & Baucom, D. H. (1998). Understanding betrayals in marriage: A synthesized model of forgiveness. *Family Process, 37*, 425-449.

Hall, J. H. & Fincham, F. D. (2005). Self-forgiveness: The stepchild of forgiveness research. *Journal of Social and Clinical Psychology, 24*(5), 621-637.

King, R. (2006). 세상에서 가장 아름다운 용서 (*Don't kill in our names*). (황근하 역). 서울: 샨티. (원저는 2003년에 출판)

Knutson, J., Enright, R. D., & Garbers, B. (2008). Validating the developmental pathway of forgiveness. *Journal of Counseling & Development, 86*, 193-199.

McCullough, M. E., & Pargament, K. I. (2000). *Forgiveness: Theory, research and practice.* New York: The Guilford Press.

Pingleton, J. P. (1997). Why we don't forgive: A biblical and object relations theoretical model for understanding failures in the forgiveness process. *Journal of Psychology and Theology, 25*, 403-413.

Sarinopoulos, I. (1996). Forgiveness in adolescence and middle adulthood: Comparing the Enright Forgiveness Inventory with the Wade Forgiveness Scale. Master thesis, University of Wisconsin-Madison.

Sarinopoulos, I. (1999). *Forgiveness and physical health.* Doctoral dissertation, University of Wisconsin-Madison.

Seybold, K. S., Hill, P. C., Neumann, J. K., & Chi, D. S. (2001). Physiological and psychological correlates of forgiveness. *Journal of Psychology and Christianity, 20*, 250-259.

Truong, K. T. (1991). Human forgiveness: A phenomenological study about the process of forgiving. Unpublished doctoral dissertation, United States International University.

Walker, D. F., & Gorsuch, R. L. (2004). Dimensions underlying sixteen models of forgiveness and reconciliation. *Journal of Psychology and Theology, 32*, 12-25.

Worthington, E. L., Jr. (1998). The pyramid model of forgiveness: Some interdisciplinary speculations about unforgiveness and the promotion of forgiveness. In E. L. Worthington, Jr. (Ed.), *Dimensions of forgiveness: Psychological research & theological perspectives*. (pp. 107-138). Philadelphia & London: Templeton Foundation Press.

Worthington, E. L., Jr. (2006). 용서와 화해 (*Forgiving and reconciling: Bridges to wholeness and hope*). (윤종석 역). 서울: IVP. (원저는 2003년 출판)

Zoellner, T., & Maercker, A. (2006). Posttraumatic Growth in clinical psychology- A critical review and introduction of a two component model. *Clinical Psychology Review, 26*, 626-653.

찾아보기

인 명

김교헌 20

Enright, R. D. 27, 32
Mandela, N. R. 19

McCullough, M. E. 28
Worthington, E. L., Jr. 35, 37

내 용

HTP 검사 146
REACH 모형 35

ㄱ

가해자 18, 56
가해자에 대한 공감 36

감사 20, 36
감정 정화 68
감정이입 59
개방 32
개방 단계 64
개인내적 모형 32

개인적 성장 59

거짓용서 29

건설적 대안주의 45

결심 32

겸손 35, 36

고자질하기 59

고착 34

고통의 의미 137

고혈압 환자 28

공감 24, 34, 35, 36, 46, 57, 136

공감 촉진하기 46

공감능력 59

공감적 각성 57

공감하기 105

공개적 용서 선언 37

공격적 피해자 18

과거를 다시 쓰기 45

관계 돌아보기 81

교감신경 55

극단적 생각 43

긍정적 사고 채널 돌리기 44

긍정적 상상하기 44

긍정적 통장 44

긍정적 행동 49

긍정적/인지적 귀인 45

긍정적인 반응 19

ㄴ

나만의 긍정적 앨범 44

내면 치유의 과정 26

내재적 공격행동 59

내적 성장 34

내적 치유 51

뇌교육 147

ㄷ

다중인격 17

당위적 생각 43

대인 불안 56

대인관계 갈등 68

대인관계적 모형 32

대인적 문제 해결 49

대처방식 점검하기 91

대치 17, 18

도덕적 사랑 24, 27

도덕적 사랑으로서의 용서 27

도덕적 성숙 58

동정 18

동정심 34, 36, 46

되물림 16

ㅁ

마음의 전환 47

말기 암환자 28

면역체계 55

명상 카드 83

목각인형 활용하기 87

무력감 15, 56

문제 행동 14

미해결된 상처 68

ㅂ

반응양식 142

반추 21

반항장애 15

배려 27

변명 17

보내지 않는 편지 42

보내지 않는 편지쓰기 146

보복적 행동 59

복수 16, 17

복수로서의 용서 26

복수의 악순환 60

복수의 전략 48

부모-자녀 간의 갈등 14

부인 16

부정 17

부정적 반응 34

분노 32, 56

분노의 감옥 138

불완전성 47

불완전한 존재 69

비합리적 사고 44, 69

비합리적인 사고 바꾸기 99

빈 의자 기법 43, 69, 107

ㅅ

사과 25

사랑 18

사회적 기대에 의한 용서 26

사회적 안녕 64

사회적 조망 능력 45

사회적 지지 21

사회적 효과 59

삶의 만족도 58

삶의 목적 59

삶의 의미 50

상처 마주하기 82, 140

상처 발견하기 139

상처 체크리스트 85

상처 회상 35

상처 흡수하기 131

상처를 재평가하기 45

상처와 분노의 악순환 16

상처의 악순환 48

상처의 영향 자각하기 88

상처의 주고받기 48

새로운 관점의 채택 60

새로운 눈 44, 57, 93, 98

새로운 마음 101

생존자 24

생체적응력 55

서약서 70

선순환 60

성숙 24

성인아이 57

성장 51

성적 학대 48

소망적 사고 44

소외감 54

수용하기 48

수치감 34

승화 35

신체적 공격행동 59

신체적 안녕 64

신체적 효과 55

신체화증상 42

심리과정 29

심리적 기제 16

심리적 방어 34

심리적 안녕 64

심리적 탄력성 46

심리적 효과 56

심박동 수 55

심장질환 55

심혈관계 55

심화 33

심화 단계 65

ㅇ

아동학대 57

안녕 51

약물중독 환자 28

억압 17

언어적 공격행동 59

엔라이트 모형 33, 35

여성암 55

역경 51

역량 20

역설 24

역할 연기 43

역할극 68

영적인 발달 21

완전한 용서 34

외상 20, 50

외상후 성장 19, 50

외상후 스트레스장애 21

외현적 공격행동 59

용서 16

용서 과정 32

용서 단계 37

용서 여정 119

용서 이해 26

용서 전략 71

용서 증명서 작성하기 37

용서 척도 70

용서 촉진 전략 50

용서의 결심 35

용서의 선물 주기 49

용서의 여정 137

용서의 역설 35

용서의 이전(移轉) 상태 34

용서의 지속 37

용서의 피라미드 모형 35

용서의 효과 54

우선순위 20

우울증 14, 56

워딩턴 모형 35

원한 32

의미화하기 143

의사소통적 공감 57

이분법적 생각 43

이타적 선물 36

이타적 선물인 용서 주기 36

이타적인 행동 24

이해 도식 26

인간 본연의 가치 27

인간관계 갈등 14

인간관계 마인드맵 80

인간관계 상처 14

인지적 공감 57

인지적 재해석 45

인지적 처리과정 21

ㅈ

자기 노출 21

자기 방어 42

자기수용 59

자기용서 과정 모형 32

자기자비 명상 83

자기치유 19, 49

자기회복 19

자발적 선택 29

자비 18

자아방어기제 16

자아존중감 19, 57

작업 33

작업 및 결심 단계 65

잠재력 20

재구조화 34, 45

재귀인 훈련 45

적개심 55

적대감 55

전가 34

전체 행동 49

정서의 반성적 조절 능력 58

정서의 인식과 표현 58

정서적 고착 34

정서적 공감 57

정서적 안정성 19

정서지능 57, 58

정신장애 15

정의 25

조망취하기 57

조울증 57

존중 27

종교적인 모형 32

주관적 안녕감 57, 58

주의력결핍/과잉행동장애 14

증오 15, 55

지금-여기 68, 69

지혜 21

진실과 화해 위원회 19

진정한 용서 27, 28, 56, 69, 70

질적 연구 32

집착 19

ㅊ

착시그림 69, 93

참여 규칙 정하기 76

초월감 21

측은지심 27, 136

측은한 마음 46

칭찬세례 70

ㅋ

카타르시스 56

ㅌ

타인에 대한 민감성 59

통제이론 49

통찰 21

통합적인 모형 32

ㅍ

폭력의 악순환 18

품행장애 15

피라미드 모형 36

피해/가해자 18

평계 17

ㅎ

학교폭력 17

한 15, 55

합리적 사고 43

합리적인 갈등해결 60

합리화 17

해리 17

해방 25

행동 다루기 150

헌신 35

혈압 55

화병 14, 15

화해 19

회복 19, 51

회복적 정의 프로그램 20

회복탄력성 51

회피 16

흑백논리의 사고 43

희망 19, 57

저자 소개

김광수(Kim, Kwangsoo)
서울대학교 교육상담학 박사
현 서울교육대학교 교육전문대학원 상담교육 주임교수

오영희(Oh, Younghee)
미국 위스콘신대학교 발달심리학 박사
현 덕성여자대학교 심리학과 교수

박종효(Park, Jonghyo)
미국 위스콘신대학교 교육심리학 박사
현 건국대학교 교직과 교수

정성진(Chung, Sungjin)
가톨릭대학교 상담심리학 박사
현 삼육대학교 상담심리학과 교수

하요상(Ha, Yosang)
미국 센트럴플로리다대학교 상담교육학 박사
현 공주교육대학교 초등교육학과 교수

강주희(Kang, Juhee)
건국대학교 교육학 박사
현 대한상담협회 상담교육국장

추정인(Chu, Jeongin)
국제뇌교육종합대학원대학교 뇌교육학 박사
현 렉스아카데미 수석연구원, 청주대학교 겸임교수

한선녀(Han, Seonnyeo)
서울교육대학교 상담교육전공 박사과정 수료
현 서울 덕암초등학교 교사

용서를 통한 치유와 성장

Healing and Growth through Forgiveness

2016년 8월 10일 1판 1쇄 인쇄
2016년 8월 20일 1판 1쇄 발행

지은이 • 한국 용서와 화해 연구회
　　　　김광수 · 오영희 · 박종효 · 정성진
　　　　하요상 · 강주희 · 추정인 · 한선녀
펴낸이 • 김진환
펴낸곳 • (주)**학지사**
　　　　04031 서울특별시 마포구 양화로 15길 20 마인드월드빌딩
대표전화 • 02-330-5114　　팩스 • 02-324-2345
등록번호 • 제313-2006-000265호

홈페이지 • http://www.hakjisa.co.kr
페이스북 • https://www.facebook.com/hakjisa

ISBN 978-89-997-1039-1　93180

정가 15,000원

이 도서의 국립중앙도서관 출판시도서목록(CIP)은 서지정보유통지
원시스템 홈페이지(http://seoji.nl.go.kr)와 국가자료공동목록시스템
(http://www.nl.go.kr/kolisnet)에서 이용하실 수 있습니다.
(CIP 제어번호: CIP2016017783)

········· 교육문화출판미디어그룹 **학지사** ·········

심리검사연구소 **인싸이트** www.inpsyt.co.kr
원격교육연수원 **카운피아** www.counpia.com
학술논문서비스 **뉴논문** www.newnonmun.com